T0113032

Diseño de la cubierta: Herder

© *2023, Fundació Vidal i Barraquer*
© *2024, Herder Editorial, S. L., Barcelona*

ISBN: 978-84-254-5119-5

Imprenta: QPPrint
Depósito legal: B-2.145-2024
Printed in Spain - Impreso en España

herder

Índice

Prólogo
Ramon M. Nogués

Escribir sobre otro es un poco más fácil que hacerlo sobre uno mismo, pero no mucho más. Estas líneas presentan sin pretensiones a Jordi Font, una persona con la que me han relacionado muchas dimensiones, algunas muy personales, otras científicas y otras más institucionales. Escribo sobre la persona y su obra y naturalmente será sobre todo este libro la que centrará mis sencillos comentarios, dejando para otros momentos u ocasiones lo que podrían ser consideraciones de otras dimensiones siempre potencialmente interesantes.

El personaje y su siglo: 1920-2020

Entre la década de 1920 y la década de 2020 la humanidad ha sufrido y gozado de un cambio sin precedentes en muchos aspectos objetivables. Piénsese, por ejemplo, en la explosión demográfica (la cuadruplicación del número de habitantes del planeta en cien años); la velocidad de las comunicaciones; la movilidad humana por el mundo; la aparición y generalización de las tecnologías de la comunicación y el registro de datos; la llamada inteligencia artificial y un progreso técnico compartido que ha globalizado culturas, tradiciones, filosofías, modelos científicos, religiones y todos los grandes sistemas simbólicos que la humanidad ha generado. Este conjunto de dimensiones constituye lo que la neurobiología hoy denomina el «cerebro social», es decir, el conjunto de moldes que acuñan la «moneda» con la que gestionamos la cultura, modelos que con frecuencia «nos piensan» más de lo que nos pensamos nosotros. Ello sitúa inevitablemente al personaje en su época. Y la época que corresponde a los últimos treinta años del siglo que ha acompañado a Jordi Font es una de excepción marcada por algo que la humanidad nunca había considerado y que se constituye en un factor añadido muy significativo: la posibilidad de promover la destrucción de la cultura humana en la biosfera por la incapacidad de hacerla sostenible. Esto último, naturalmente, afecta seriamente el mundo mental colectivo y sus ansiedades.

La humanidad, entre 1920 y 2020, ha entrado en estado de excepción.

Las intersecciones de tres grandes áreas

El conjunto de fenómenos culturales impacta en el mundo interior humano y en la necesidad de sentido que este demanda. La mente, estado y función del organismo, y muy especialmente del cerebro, es el área de expresión de las construcciones con las que los humanos simbolizamos la coordinación de las pulsiones, los sentimientos y los razonamientos que construyen el sentido que nos sostiene en la vida. Neurología y psiquiatría, filosofía y espiritualidades, culturas y religiones son tres apasionantes áreas en las que se debate el mundo mental. Jordi Font ha terciado con pasión y autoridad en diversos sectores que las integran.

La neuropsicología, el pensamiento filosófico y espiritual, así como el papel de las espiritualidades y las religiones en la cultura se entrecruzan, creando áreas en las que los modelos tradicionales naufragan para renacer en nuevos paradigmas. Así, la psiquiatría es desafiada por la neurobiología; las religiones se difunden en algunas áreas culturales en múltiples e inconcretas espiritualidades frente a las grandes religiones; mientras que las culturas, torpedeadas políticamente bajo sus líneas de flotación, intentan recuperar viejos modelos como sucede, por ejemplo, en China, cuyo sistema cultural ha sido machacado por una extraña combinación dictatorial de marxismo y capitalismo, y ahora intenta recuperar dimensiones confucianas para reorganizar el panorama mental del país.

Cerebro y mente: abordaje desde enfoques que aspiran a convergir

En particular, Font ha sido muy sensible al impacto de la neurobiología moderna. Esta sensibilidad lo ha llevado —evocando el sustrato neurológico del psiquiatra Freud— a tener muy en cuenta los datos que los estudios neurológicos aportan sobre el funcionamiento cerebral tanto por el progreso de las técnicas de estudio genético como por los grandes avances de la tecnología de imágenes. Es sabido que el estudio biológico y el psicológico del cerebro se comparan a un programa de perforación de un túnel atacando por los dos extremos. Mientras se realiza la obra se perciben sonidos de una a otra parte de los puntos de abordaje, pero con poca precisión. En ello está la ciencia hoy, y los datos biogenéticos cerebrales resultan todavía de difícil confrontación con las descripciones psicológicas de las conductas. Por ejemplo, en el tema del autismo los numerosos estudios neurobiológicos publicados acentúan el ruido que se oye desde la parte investigadora de las neurociencias. Jordi Font siempre ha insistido en la necesidad de atender al progreso de los conocimientos neurológicos para combinar con sus datos las aportaciones de la psicología dinámica.

La neurobiología pide paso en la singularidad humana

Los temas neurobiológicos que afectan al conocimiento general del cerebro resultan especialmente importantes en el caso del cerebro humano. Sea cual sea la opinión filosófica sobre la singularidad humana, el dato científico acerca de ella es incontestable. Ninguna otra especie en la historia de la biosfera ha logrado en tan pocos años llevar a cabo una aventura cultural comparable con la humana. Detrás de este fenómeno están conceptos como «conciencia», «razonamiento», «libertad», así como anhelos éticos, estéticos, científicos, espirituales o religiosos que se suman a los cambios culturales que a estos intereses corresponden. Aún hasta hace muy poco tiempo, en una de las más prestigiosas

jesuita imprime carácter, y en todo caso Jordi Font es un ejemplo del peso que la figura del gentilhombre del rey de Navarra, convertido en un gigante cultural y religioso de la Contrarreforma, ha ejercido en el panorama espiritual del cristianismo.

El bienestar humano figura como primer capítulo de todas las propuestas psicológicas, espirituales, religiosas y culturales de la humanidad que merecen crédito y respeto. Este libro es testigo escrito de uno de estos intentos. Personas, saberes y actitudes nos definen como actores y maestros de humanidad. Es una satisfacción presentar los textos que nos aproximan al personaje, dejándonos a la puerta de su misterio, el que envuelve a cada ser humano.

Nota del editor
Carles Marcet

Este libro sintetiza gran parte del pensamiento y la obra de Jordi Font i Rodon a lo largo de su trayectoria profesional. La primera parte, que abarca los capítulos 1-4, se centran en la presentación del autor. A través de ellos, intentaremos descubrir a la persona, sus raíces, su itinerario y las grandes pasiones de su vida. De hecho, va a ser él mismo quien nos hable. Tras una somera cronología de los sucesos más destacados de su itinerario vital, recogemos parte de una amplia entrevista que sus compañeros y amigos de la Fundació Vidal i Barraquer le solicitaron y que se desarrolló entre finales del año 2008 y principios de 2009. Intuimos que, de alguna manera, sus compañeros y amigos de trabajo y profesión en la fundación querían salvaguardar con rigor el sentido y el carisma de esta, ya institucionalizada pero deseosa de mantenerse fiel a la inspiración primera. Esto lo encuentran en el relato de la vida de Jordi Font y de los «por qué» y «para qué» de la misma.

Jordi Font nunca ha sido prolijo en la escritura. De hecho, a lo largo de su amplia trayectoria profesional son relativamente pocas las publicaciones que nos ha brindado. Es más un hombre de conversación, de relación personal, de acompañamiento directo, tanto en el ámbito de la psicología como en el de la espiritualidad. Es un buen conversador.

De ahí que, como decíamos, vamos a dejar que sea él mismo quien nos hable en estas páginas. Hemos querido expresamente mantener el relato y las palabras de aquellas prolongadas entrevistas que accedió a conceder y que fueron grabadas. Solo hemos modificado algunas cuestiones sintácticas para facilitar la comprensión del lector. Pero, como se verá, se mantiene la frescura de un relato oral, de una conversación espontánea, viva, natural.

Hemos editado el contenido de aquellas conversaciones más extensas. Publicarlo íntegramente hubiera desbordado las capacidades y límites de esta publicación. Hemos intentado centrarnos y rescatar lo esencial. En primer lugar, la narración de su propia vida, desde los recuerdos infantiles hasta la consolidación de su trabajo expresado en la creación de la Fundació Vidal i Barraquer. En segundo lugar, la presentación de sus grandes pasiones vitales tal y como él mismo las formula, explica y desarrolla: la psicología de la religión, la espiritualidad y, más precisamente, el ámbito de la mística, el psicoanálisis y su práctica, su visión antropológica, su búsqueda de una definición concreta, práctica y útil de lo que es la salud, en concreto, la salud mental.

La segunda parte, contenida en el capítulo 5, trata en profundidad las relaciones entre psicología, religión y espiritualidad, la experiencia mística y la salud espiritual. Para tal fin, este capítulo reúne una serie de conferencias y artículos del autor en los que el hilo conductor es la mirada desde la psicología de la experiencia espiritual y, en concreto, de la espiritualidad ignaciana presente en el libro *Ejercicios espirituales* de san Ignacio. Buen conocedor de ambas materias, Font las interrelaciona e ilumina la una desde la otra, ofreciéndonos así una lectura profunda, desde la psicología, de muchas de las experiencias espirituales fundamentales que aparecen en el proceso de los ejercicios espirituales.

El primer texto corresponde a la conferencia «Espiritualidad y duelo. Ayuda a vivir el final de la vida», pronunciada en la Universitat de Lleida en 2013. En ella aborda los procesos de duelo desde la perspectiva psicológica y espiritual como dos funciones de una misma realidad y como dos procesos concomitantes de una misma maduración integral. El segundo texto, «La fecundidad del fracaso: el duelo regenerador», publicado en la revista de espiritualidad ignaciana *Manresa* en 2012, aborda la misma cuestión de una manera mucho más detallada y elaborada, desarrollando mucho más las cuestiones planteadas en el primero. Entre otras cosas, analiza las fases del duelo haciendo hincapié en su posible fecundidad, tanto desde un punto de vista psicológico como espiritual, cuando han sido correctamente elaboradas.

A continuación, en «La depresión en la vida espiritual: desolaciones», el autor afronta el contenido psicológico del concepto «depresión» argumentando que, en el ámbito de la espiritualidad, es análogo al que san Ignacio calificaba de «desolación». En este escrito, que procede de unas jornadas de estudio internas desarrolladas en 2008 en la Fundació Vidal i Barraquer, se aborda la fenomenología, tanto saludable como patológica, de la desolación espiritual y de la depresión psicológica, así como sus causas y efectos. Esta misma cuestión la desarrolla *in extenso* en «Los afectos en desolación y en consolación: lectura psicológica», ponencia que presentó en el Congreso de Psicología y Ejercicios de 1989 y que luego fue recogida, junto con otras ponencias, en un libro coeditado por las editoriales Mensajero y SalTerrae en 1996. En su línea habitual integradora y de búsqueda de concomitancias entre la psicología y la experiencia espiritual —que no deja de ser una experiencia psíquica—, Font ofrece una interpretación psicoanalítica de las experiencias espirituales —denominadas por san Ignacio «mociones»— de consolación (salud mental) y desolación (depresión).

Siguiendo el proceso, el texto siguiente corresponde a un escrito de 1987 también publicado en la revista *Manresa* titulado «Discernimiento de espíritus» en el que nos ofrece un estudio elaborado de lo que hemos llamado «mociones» espirituales (consolación y desolación) con el fin de reconocerlas, diferenciarlas y distinguirlas en sus diversas modalidades y consecuencias.

El capítulo concluye con «Psicología de las tentaciones en la relación del acompañamiento espiritual», texto fruto de una reflexión del grupo de estudio interno de la Fundació Vidal i Barraquer y publicado en 2004, que desarrolla, en el marco de las diversas mociones o movimientos espirituales que entran en juego, a la hora de dejarse llevar por ellos o de plantarles cara, la cuestión de la tentación. Font nos ofrece una clarificadora definición de «tentación» desde el punto de vista de la psicología, así como de sus diversos tipos o modos de presentarse y de sus diferentes causas. Asimismo, presenta unas consideraciones y aplicaciones prácticas de las tentaciones en el ámbito del acompañamiento espiritual.

El epílogo que cierra este volumen contiene la entrevista titulada «Semblanza del Dr. Jordi Font», realizada al autor por Josep Beà y Víctor Hernández y publicada en el número 3 de la revista *Temas de psicoanálisis*, de enero de 2012, en la que Jordi Font aborda, de un modo más sencillo y coloquial, muchos de los temas que han ido surgiendo a lo largo del libro. Agradecemos a los editores de la revista el permiso para reproducirla aquí en su totalidad.

1. La persona y el pensamiento

La biografía

Infancia

Nací en Tarragona en el año 1924, durante la dictadura de Primo de Rivera, tiempos de restricciones de libertades, en el seno de una familia muy creyente y de mentalidad abierta. Fui el quinto hijo, el benjamín de la familia y único varón. Por parte paterna, los Font eran naturales de Barcelona. Por parte materna, los Rodon procedían de Valls, donde mi abuelo materno había sido alcalde.

Mi padre era médico de profesión. Primero ejerció como médico de cabecera en el pequeño pueblo de El Morell. Después pasó a Tarragona, donde empezó a ejercer la especialidad de oftalmología. Allí nací yo.

Las tierras tarraconenses forman parte de mi paisaje interior y de mis raíces. Recuerdo con afecto y cariño los veranos de infancia pasados en Vallfogona, en Poblet o en la masía de Bosc, de los abuelos maternos, en Valls. También la cultura típica de estas tierras me ha dejado su huella: he sido siempre un enamorado de la tradición popular de los *castells* [torres humanas de varios pisos de altura], verdaderos iconos del vínculo e integración entre las gentes y de arraigo a una tierra concreta.

Empecé el parvulario en el colegio de las religiosas vedrunas de Tarragona. A los 9 años pasé al colegio de los Hermanos de las Escuelas Cristianas, en la misma ciudad de Tarragona. Allí estuve solo un año. Luego pasé al instituto, donde cursé los siete años de bachillerato.

Recuerdos de la Guerra Civil y de la posguerra

Mi padre había sido uno de los fundadores de Unió Democràtica de Catalunya, un partido demócrata y cristiano que, de alguna manera, ejercía la oposición a la CEDA [Confederación Española de Derechas Autónomas], que era un partido cristiano pero conservador. En aquellos inicios el partido era aún muy minoritario. Recuerdo que en nuestra casa se elaboraba un diario, lo hacían entre cuatro o cinco personas de Tarragona, que se llamaba *El Dilluns.*

Los últimos años previos a la guerra civil fueron turbulentos. Se respiraba un aire tenso. Cuando se constituye la segunda República (yo tenía entonces 6 años), mi padre fue uno de los que contribuyó impulsándola. Quería promover una evolución de la sociedad desde los valores cristianos. Pero mi padre era de Acció Catalana [el movimiento político catalanista del primer tercio del siglo XX, fundado en 1922] y cuando los republicanos comenzaron a hablar contra la Iglesia en el Parlamento en Madrid, abandonó el partido republicano. Mi padre era muy amigo del cardenal Vidal i Barraquer, con quien compartía pensamiento e ideología social.

La primera impresión que conservo, nada más iniciarse la guerra, en la mañana del 19 de julio, es la de un camión bajando en contradirección lleno de milicianos con el puño alzado, de la FAI [Federación Anarquista Ibérica] y la CNT [Confederación Nacional del Trabajo], y poco después ver el convento de las clarisas ardiendo. Después vinieron las matanzas de capellanes y de gente de derechas. Mi padre, que no era de derechas, pero sí católico conocido, sintió el peligro. A pesar de ello, durante la guerra pudo seguir ejerciendo de médico. A los médicos, para que no los mataran a todos, ya que muchos eran de derechas, les ponían un mono blanco y una señal amarilla, y entonces ya estaban protegidos. Él trabajaba en el Hospital de Sangre. Tarragona era un lugar de retaguardia.

Por el año 1937, después de una fuerte explosión causada por aviones bombarderos, cuyas bombas cayeron muy cerca de nuestra casa, nuestro padre nos llevó a todos a una masía cercana a

20

Constantí. Allí fuimos acogidos hasta el final de la guerra. Mi padre bajaba cada día a Tarragona y volvía por la noche en autobús. Hasta que no lo veíamos regresar, no sabíamos si estaba vivo o no. Fue un tiempo en que todos pasábamos mucho miedo. Yo dejé los estudios hasta que acabó la guerra. Iba a buscar aceite, cuidaba los conejos y las gallinas, les construía las jaulas... Dos años sobreviviendo al aire libre.

Acabada la guerra comencé a estudiar en el instituto. A mi padre, al cabo de unos meses, al comenzar las denuncias contra los de izquierdas, lo metieron en prisión, como a muchos médicos. Nunca nos dijo nada de los malos tratos que recibió allí. Le llevábamos la comida. Estaba con los otros presos de la FAI. Estuvo dos meses largos. Menos mal que teníamos un primo hermano que estuvo en Galicia, en el Gobierno Civil, y nos ayudó para que parasen el proceso. Al final sobreseyeron la causa. A mí todo eso me ayudó a ser más humilde, a estar más cerca de la gente, a ser más sensible ante las injusticias del mundo.

La posguerra fue una época de austeridad de vida, sin calefacción en la casa, con una estufa, y mi padre visitando, ganándose la vida y rehaciéndose poco a poco. Con todo esto, todos los hermanos nos fuimos a estudiar a Barcelona y nuestros padres se quedaron solos en Tarragona.

Estudios: bachillerato y universidad

A los 15 años volví a estudiar. En un año y medio acabé el bachillerato. El último curso lo hice en Barcelona, donde vivía con mis hermanas. Mi hermana Roser había empezado a estudiar Farmacia, pero ya tenía la idea de hacerse religiosa y volvió a Tarragona. Así que nos quedamos Dolors, que sí acabó Medicina, y yo solos. Yo daba clases para ayudar a mi padre, ya que tenía que pagar la carrera de todos. Estuve también en la Congregación Mariana.

En Barcelona estudiaba mucho, tanto para el bachillerato como para el examen de Estado, y también para la carrera de Medicina que intenté no suspender ningún año y lo conseguí «a base de codos». Tuve todo lo que se puede tener de trastornos digestivos y psicosomáticos, y por ello estuve haciendo regímenes. Me apunté a las milicias universitarias. Entonces hacíamos, después del primer año de carrera, tres meses de campamento y en el segundo año tres meses más.

Durante la carrera universitaria éramos un grupito muy trabajador: Soler-Balcells, Jordi Gol... Hacíamos sesiones clínicas entre nosotros mismos. Nos reuníamos en un bar de la calle Provenza y presentábamos casos. Cada uno ya se iba especializando. Y allí comenzó mi dedicación a la oftalmología. En esos años, en la carrera de Medicina no existía la rama de psiquiatría. Había medicina interna y neurología, pero no psiquiatría.

En aquella época, en la que por la universidad circulaban folletos revolucionarios y comunistas de todo tipo, yo me sentía profundamente cristiano. Me sentía también como un joven normal, con inquietudes y estudiando «como un animal». Hice la carrera de Medicina muy bien hecha.

Me ayudó también, en ese tiempo, el hecho de ir tejiendo un buen grupo de amigos. No era tanto un grupo de amigos de aquellos de contar la intimidad, sino más bien de coincidir con el mismo ideal.

La vocación religiosa

Hay una primera transmisión de la fe que uno recibe por parte de los padres. Mi madre me dio esa capacidad, que tienen las madres, de acogida y de contención. Mi padre era más austero; desde el punto de vista de la fe no era necesario que me dijera nada, era un testimonio para mí. Era su manera de actuar, con honestidad, la que me iba calando por dentro. Por ejemplo, él nunca me dijo una palabra en contra de su detención y de cómo lo trataron.

Por lo tanto, desde niño he vivido en un ambiente familiar de fe. Y más adelante un sustrato que hizo posible su desarrollo: el conjunto de penalidades y dificultades vividas en el entorno de guerra y posguerra, creo que me proporcionó un conjunto, unas tremendas ganas de seguir adelante, en plena juventud, para hacer cosas. Ya en Barcelona iba cada mañana a misa a la iglesia de los carmelitas. En los veranos en Tarragona hacía actividades con los chicos de las catequesis y escribía en la revista de los congregantes marianos de Tarragona. Creo que en este sustrato «algo se iba forjando».

La primera vez que pensé que podía tener vocación religiosa fue cuando hice ejercicios espirituales con 16 años en Lleida, donde vivía un jesuita muy famoso dando ejercicios, el padre Llorens, y me vino a decir que yo tenía vocación, y me dije: «Me ha clavado la banderilla». No me convenció eso, pero algo quedó. Era una banderilla que llevaba puesta desde los 16 años. Al volver a Barcelona fui a la congregación mariana. Me apunté en la sección de catecismos y me tocó en Torre Baró. Íbamos los domingos a partir de las tres de la tarde y acabábamos a las siete. Más adelante, con unos amigos nos apuntamos a las conferencias en Sant Vicenç de Paul. Se trataba de ir a visitar a la gente pobre a sus casas y darles vales de leche o de carne. Fue una época en la que comencé a sentirme muy cercano a hacer un servicio a la gente necesitada, no como médico. Y creo que esto fue gestando mi vocación. No era cuestión de ser catequista, no, sino de hacer alguna cosa. Y esto fue cuajando.

Entonces teníamos director espiritual. Primero fue un capuchino que estaba en la iglesia de Pompeya. Después conocí al doctor Tarrés, que me daba libros para leer y me hablaba con fervor. Un día fui a hablar de la vocación con él. Una vez me dijo: «Yo me hubiera hecho jesuita, pero tenía a mi madre y…». El doctor Tarrés me ayudó mucho. Era un hombre de su época y un hombre de Dios, un hombre de fervor, con un tono de sinceridad y de estimación muy grande, muy afectuoso. Cuando murió, yo ya era médico. Decidí hacerme jesuita cuando ya estaba ejerciendo en Tortosa. La decisión fue después de muchas dudas y de ejercicios espirituales que fui haciendo entre medio. Me decidí y debía entrar en octubre, y me parece que era el mes de mayo cuando fui a la clínica de la Mercè, donde el doctor Tarrés estaba agonizando, y una hermana religiosa me dijo: «Mire, lo siento mucho pero no dejamos a nadie que lo vea». Le dije:

«Mire, voy a decirle una cosa que le gustará y le prometo que no estaré más de un minuto». Me dejó entrar. Entré y le dije: «Doctor Tarrés, me hago jesuita». Se me quedó mirando y con una sonrisa amplia me dijo unas palabras que no pude escuchar. Siempre lo he tenido como un intercesor.

Naturalmente, me gustaban algunas chicas. Para las chicas, yo era un buen partido, un chico que tenía porvenir. Había una que me gustaba mucho, que después se hizo religiosa y se fue a Japón de misionera. También he de decir que en cuanto entré en la Compañía no he dudado más de tener vocación. He pasado crisis muy fuertes, una depresión auténtica en la década de 1970, cuando hubo muchas crisis vocacionales. Aparte de eso, mantengo no haber dudado de mi vocación. De mí mismo, sí, pero de que Dios quiere, a pesar de todo, de esto no he dudado nunca.

Con todo, para entrar en la Compañía de Jesús tuve que hacer un discernimiento. De hecho, al acabar la carrera ya tenía un despacho en Tarragona y mi padre estaba esperando que fuera, porque había ganado las oposiciones de interno de Oftalmología. Además, un año antes de ingresar en la Compañía había muerto de infarto un médico oftalmólogo muy famoso de Tortosa, que tenía la clientela allá, en una clínica que había montado. Me pidieron si podía ir por unos años para llevar la clínica. Y como desde los 16 años hacía operaciones de oftalmología con mi padre y ya había hecho operaciones sencillas antes de ser médico, dije que sí. Llegué a Tortosa todavía sin estar decidido a entrar en la Compañía. Estando allá hice ejercicios espirituales y fue cuando me decidí. En esta decisión me ayudó el conocimiento y la lectura de Teilhard de Chardin, pues me abrió los ojos a muchos horizontes.

Así entré en el noviciado con 25 años. Allí entendí la vocación jesuítica más a fondo. Entendí que se trataba de renunciar a uno mismo, no de una manera absurda y dependiente, sino de una manera libre. Entendí que era un camino de humildad y de verdad; un camino de paz interior.

Mi decisión no fue fácil para mis padres. El día que les dije que me hacía jesuita fue tremendo. A mi madre le salió un llanto que le duró toda la noche. Y mi padre, al día siguiente por la mañana, me dijo: «No has cogido un buen momento para decirlo, pero tú haz lo que Dios te pida». Luego, al ir a despedirme en la estación de Francia —desde donde salía el tren que nos llevaba al noviciado— me abrazó y me dijo: «Mira, por nosotros no dejes de ir y de hacer lo que Dios te diga, tanto si has de ir a la India, a Japón o adonde sea».

La formación en la Compañía

Entré en el monasterio de Veruela sin saber muy bien adónde iba. Allí hice los dos años de noviciado y uno de juniorado, entre los años 1950 y 1953. La vida en el noviciado era muy austera. Adelgacé mucho. Como los demás, me dediqué a la vida austera, lo cual no es una virtud, porque podía ser simplemente una carrera de amor propio para ver quién era más capaz de ayunos y de disciplinas. Tuve dos maestros de novicios. El primero era un hombre muy de cuidar a los chicos. El segundo era el padre Anel, muy discutido, pero a mí me trató como a un hombre desde el comienzo. Esto me gustó mucho. Nada de remilgos. Me dijo: «Usted vaya a la enfermería, vuelva a coger las revistas de medicina». Incluso hice intervenciones oftalmológicas con algún compañero.

Cuando entré en la Compañía pensaba en «quemar las naves» completamente. Pero ya en el noviciado el padre Provincial me preguntó si me gustaba la psicología. Le dije que la psicología me interesaba mucho y la mística también. Y cuando digo «mística» hablo del misterio de lo humano que se pone en relación con Dios y no sabe cómo.

Después del noviciado, el juniorado me resultó más difícil. Nos hacían hablar en latín. Luego me enviaron a hacer filosofía a Sant Cugat del Vallès. De entrada, tuve que afianzar más el latín porque mi nivel era bajo para estudiar y, además, porque yo empezaba a padecer sordera. En ese tiempo iba a ayudar a las barracas de Sabadell. Entonces comenzaba la inmigración y los preámbulos de la misión obrera. Pero mi interés por la filosofía era grande y pedí hacer no dos años, sino tres. Podíamos hacerla en tres años, y no me arrepiento, porque se me ofreció la capacidad de formular filosóficamente conceptos.

También aproveché para comenzar a hacer obras de tipo social en Sabadell. Fui el responsable de los que íbamos a ayudar a levantar casas de ladrillo en los suburbios. Nos levantábamos a las cinco de la mañana y volvíamos a comer justo para el segundo turno. Los profesores de Teología estaban un poco en contra de esto. Tanto es así que escribieron a Roma. Pero nuestro rector nos defendió y nos animó a proseguir esa tarea social.

A mí la sensibilidad social me venía de lejos, ya siendo estudiante. Supongo que influyó el modo de ser y de hacer de mi padre. Mi padre no acumulaba mucho dinero, no porque no lo ganase, sino porque lo daba continuamente. Luego, en la Compañía, fui aprendiendo a ver en los pobres aquellas personas a las que nadie quiere pero que necesitan de nuestro amor concreto. Para mí, amar al pobre es poder ofrecerle ayuda desinteresadamente, de tal forma que le sea posible creer que su vida interesa a alguien, que hay alguien que de verdad lo ama. En el fondo se trata de una actitud interior. Pero si las actitudes interiores no tienen ninguna proyección externa es peligroso porque, a la larga, si uno no vive como piensa acaba pensando como vive. Pero cuidado: hay que evitar que el actuar no sea más que un «tranquilizarte», sino que ayude para mantener viva esta actitud interior.

Acabados los estudios de Filosofía me propusieron hacer la tesis doctoral. Propuse hacerla sobre «un tema que me sirva» y pensé en la fatiga mental. Esto fue así porque en la Compañía de Jesús, desde el siglo XIX, estaban los «cabezas rotas», hombres muy válidos, inteligentes y capaces pero que al estudiar «se rompían la cabeza» y no podían hacerlo. Los superiores lo aceptaron. Fue un año feliz porque comencé a viajar por toda España, recogiendo datos, haciendo un estudio de campo de la sintomatología de los cabezas rotas. Lo que yo pretendía mostrar era que por más dolor de cabeza que tuvieran, no se les destruía ninguna neurona y, por lo tanto, no se quedarían inútiles para toda la vida. Fue una tesis atrevidísima porque era meterse en un gran berenjenal. El título era: «La fatiga en relación con la actividad mental. Estudio clínico y electroencefalográfico». Hice un examen corporal de los fatigados: electroencefalografía, electrocardiogramas, análisis, etc. Me pasé un año recogiendo datos para enseguida investigar, y al final hice la tesis.

Al presentar la tesis, justo antes de ir a Alemania, mostré que por más sufrimiento mental que haya, de dolores de cabeza y de trastornos de tipo psicosomático, no hay fosfaturia. Presentada y defendida la tesis, me fui a Alemania. Esta estancia fue otra prueba. Al llegar a Alemania continuaba con pérdida auditiva y luchando con el idioma. Respecto a la cuestión del oído, me habían hecho una primera operación en Barcelona y no funcionó, y entonces me pusieron un aparato. Y así hice teología. Cuando iba a confesar a Frankfurt, en el confesionario ponía el aparato y me iba muy bien, y una señora me dijo una vez: «¡Oiga! ¿Me está grabando?».

La otosclerosis me había empezado en el filosofado. Tenía acúfenos. Yo creo que también era psicosomático, es decir, que hay una predisposición mía. En Alemania fue muy duro el primer año, pero me lancé de cabeza a aprender alemán, a pesar de que soy poco apto para idiomas, y me ayudaron los buenos compañeros. A partir del tercer año, que fue el de mi ordenación sacerdotal, la cosa fue mejor. Y a partir del cuarto ya me hubiera quedado allí: cuándo te adaptas a un lugar, ¡la gente te quiere más! Espiritualmente me fue bien.

Como decía, el tercer curso fue el año de la ordenación, el día de San Ignacio de 1961. Tenía 37 años. Siendo ya sacerdote, cada domingo celebraba la misa con obreros españoles cerca de Frankfurt. Allí vivían muchos españoles y me preguntaron si podíamos celebrar la misa en castellano. Eran unas doscientas o trescientas personas. Solo venían hombres. Me puse del lado de ellos y pudimos hacer una misión en Semana Santa. Nunca había visto a tantos hombres de entre 20 y 30 años confesándose. Ellos decían que venían porque querían, pero había otro factor: sentían que había alguien que los acogía y que podía hablar en su idioma. Estos españoles inmigrantes vivían en unas condiciones ínfimas y les cobraban muy caro los alquileres. También los explotaban y fueron a protestar a los sindicatos. El que los defendía más era el

SPD, los socialistas. Yo les ayudaba haciendo de intérprete, ya que ellos sabían muy poco alemán. Un día fui con los obreros a ver al cónsul español en Frankfurt y este me dijo: «¡Pero padre! ¿Se da cuenta de que está con el partido socialista?». Y le dije: «Sí, sí, me doy cuenta, porque yo estoy junto a los que defienden a los obreros españoles de la injusticia que les están haciendo». Acabados los estudios, al volver a Barcelona me llevé un batacazo. Alemania es un país en el que todo funciona, al revés que en España. Al volver encontré, después de cuatro años, que no funcionaba nada a muchos niveles.

Ya de regreso en España empecé el año de la tercera probación en Gandía. Ahí nos encontramos con antiguos compañeros. Éramos unos cuarenta. Estuvimos un año llevando un régimen de noviciado. Primero hacíamos un mes de ejercicios espirituales y después actividades. Tardé cuatro años en hacer los últimos votos, en 1968. Recuerdo que yo ya estaba trabajando. Ya llevaba cuatro años en el Centro Médico-Psicológico. Al llegar a Barcelona, después de la tercera probación, me operaron del oído, ya que estaba a punto de quedarme sordo. Me hicieron esta intervención, que ha sido la definitiva, y al cabo de ocho días tenía que volver a ver al médico, y no oía nada. Pensaba que el nervio acústico estaba muerto. Fueron probablemente los ocho días más duros que he pasado. Pensaba que después de todos los estudios tendría que vivir la vida religiosa de otra manera. Cuando fuimos al otorrino, me exploró y me dijo: «Lo que ha pasado es que ha hecho una hemorragia en el oído medio y el coágulo empieza ahora a retraerse, y seguirá oyendo mejor».

Con los años, pienso que todo esto me sirvió para crecer en humildad. Poco a poco uno va siendo despojado de los valores relativos, y lo que va quedando es lo que vale la pena, la humildad, es decir, es la verdad limitada de cada uno. Las cosas que te salen bien no es que las hayas creado tú, es que tú has aprovechado lo que te han dado y lo has canalizado, esto te viene dado. No se trata de que te venga dado de una manera mágica, sino de una manera incomprensible pero real. Esta es la verdad. Entonces esto te acerca a todos, te acerca a los otros, y es compatible con todos los malos humores, con las tonterías que hace uno y con los pecados que pudieras hacer, pero no desaparece, y esto es la humildad. La humildad es la verdad de uno, y esto nos une. La humildad es aceptar la verdad única, y alrededor de esto vistes todo lo demás. Lo único que impide la humildad es la autosuficiencia, es decir, el narcisismo, que es una coraza, una costra que a veces cuesta romper. Pero a pesar de esto uno ha de ser comprensivo porque hay personas que no se han buscado ellas mismas su narcisismo, les viene dado por la educación, por lo que sea. Solo Dios conoce el corazón de cada uno y si uno se cree esto, aunque te salga rechazo, antipatía o, al revés, aficiones hacia alguna persona, todo esto queda en la superficie.

Todo esto también me ha ayudado a crecer en la fe, esa convicción tan incierta pero tan segura, tan seguramente insegura. En el fondo es la confianza. Se confía no porque uno tenga argumentos sino porque lo siente, lo cree, lo busca y lo quiere buscar. Y lo grande es que esto lo tienen todos los humanos. Estos primates que somos los humanos estamos abiertos a lo que llamamos «trascendencia».

Creación y evolución de la Fundació Vidal i Barraquer

Ya he dicho que hice la tesis doctoral sobre el tema de la fatiga mental. Al volver de Alemania me di cuenta de que lo que había visto por allá era muy farmacológico. Al llegar a Barcelona me encontré con que empezaba la Escuela Profesional de Psiquiatría. Me pidieron que cogiera una asignatura y elegí la de Psicopatología General. Así, poco a poco, fui descubriendo la parte psicoanalítica. Con este interés, y contando con un pequeño grupo de personas, se podría decir que estábamos poniendo la primera piedra de la futura fundación. El grupo lo formamos el doctor Antoni Bobé y un psiquiatra de Sant Joan de Déu, el doctor Ramón Ferreró. Los tres empezamos en precario y nos instalamos en la Hermandad de Médicos y Farmacéuticos de San Cosme y San Damián. Allí estuvimos seis años. El centro se llamaba Centro Médico-Psicológico. Lo inauguramos en 1964. Poco a poco se fueron uniendo más personas a nuestro grupo: el doctor Josep Beà, Josep Maria Tubau, etc.

Trabajábamos como podíamos. Yo también estaba trabajando ya en el Hospital Clínico de Barcelona como médico psiquiatra, en el ambulatorio, y hacía tratamientos psiquiátricos: medicación y entrevistas terapéuticas. De todas formas, ya me había informado bastante acerca del psicoanálisis y el doctor Bobé también empezaba a formarse, ya que la rama psicoanalítica estaba comenzando en aquel entonces. Como grupo, cada dos días hacíamos sesiones clínicas y allí aprendíamos todos unos de los otros. En seguida invitamos a más gente: el doctor Salvador Adroer, que era más joven, el doctor Parellada, que al comienzo hacía un poco de supervisor, el doctor Ferrer-Hombravella, etc.

Nosotros no hacíamos medicina hospitalaria; hacíamos sesiones clínicas, estudio de casos, de forma bien rigurosa. Yo recibía mucha gente en un despacho que tenía en el Forum Vergés, donde ahora está la Universidad Pompeu Fabra. Por la tarde recibía allí a la gente a nivel de pastoral, pero a muchos ya les decía que tenían que ir a una asistencia psicológica. Y también enseguida empezaron a enviar a gente desde los seminarios, candidatos para entrar en noviciados religiosos, etc. He de confesar que lo de trabajar en grupo no me gustaba mucho al principio. Éramos jóvenes y pensaba: «Esto lo haría más rápido si lo hiciese yo». Pero después me convencí de lo importante que es trabajar en grupo y esto se amplió rápidamente. Fuimos abriendo las puertas a todos los que tenían interés. Acudía gente joven, pero lástima que se iban porque no teníamos financiación. Vimos que debíamos contratar a alguien y contratamos a Carles Pérez Testor, a Victor Cabré y después a Enrique de la Lama. La visión era, por ejemplo, que las sesiones clínicas fueran abiertas a invitados, ¡parecía una universidad! Ahora ha quedado mucho más focalizado, y no lo digo como una crítica solo negativa. La otra cosa que sí es importante, que no lo he dicho, era la de ayudar no solo a los religiosos, sino también a la gente más necesitada cuando empezamos a atender a seglares.

Lo primero que hicimos, pues, fue asistencia. En aquel momento inicial todavía no se hacía ni docencia ni investigación.

Con el tiempo evolucionamos abriendo las ramas de docencia e investigación. Y en el ámbito de la asistencia pasamos de atender solo a religiosos, seminaristas y religiosas, a atender también a laicos, a parejas, etc.

El espíritu que dimos al primer ideario de la Fundació Vidal i Barraquer era de inspiración cristiana, no confesional, al servicio específico de la psicología y de la espiritualidad, y teniendo en cuenta a la gente más necesitada. Solicitamos participar en la atención pública y empezamos a trabajar en los barrios de Barcelona. Lo específico, para nosotros, era hacer asistencia, docencia e investigación junto con la espiritualidad. Por lo que se refiere a la docencia, pronto nos empezaron a pedir que diéramos charlas a los formadores de los seminarios diocesanos y de las órdenes religiosas. En un principio la docencia se centraba en la psicología de la religión, pero venía mucha gente interesada en psicología y entonces decidimos que teníamos que introducirnos en el ámbito de la universidad. Comenzamos en la Universidad Pompeu Fabra, pasamos sus requisitos y los del Consejo de Universidades de Cataluña, pero también se tenía que pedir permiso en Madrid y nos dijeron que no.

Posteriormente nos ofrecieron pasar a los locales de la calle Rivadeneyra, de Barcelona. Fue entonces cuando nos constituimos en fundación con un patronato, porque cuando el Centro Médico-Psicológico empezó a funcionar un poco, los superiores religiosos, los provinciales, los abades, los obispos y los directores de seminarios, que eran los que nos pedían ayuda, dijeron que no podíamos trabajar solo con la cobertura de la buena voluntad. El padre Cassià Just, que entonces era maestro de novicios, fue el alma y uno de los que más aglutinó. Enseguida se apuntaron escolapios, hermanos de La Salle, capuchinos, jesuitas, monasterios de Poblet y de Montserrat y las diócesis de Cataluña. Y así empezó la Fundació Vidal i Barraquer. Se constituyó inicialmente un primer patronato, en el cual estaba el mismo padre Cassià Just —que decía que era la primera vez que veía que en Cataluña se hacía una entidad entre diferentes congregaciones y, además, con laicos— y una junta directiva en la que estaban los fundadores: Gomis, Bobé, Castellví, etc.

31

En aquella época yo estaba trabajando simultáneamente en Sant Pere Claver, en la Fundació Vidal i Barraquer y en el Hospital Clínico. Dejé el Clínico, después Sant Pere Claver y me quedé en la Fundació Vidal i Barraquer. Estando en Sant Pere Claver recibimos la primera oferta de subvenciones de salud mental a la salud pública. La recibieron cuatro instituciones y una de ellas fue la Fundació Vidal i Barraquer. A partir de ahí tuvimos la primera asistencia pública subvencionada. Paralelamente desarrollamos nuestro trabajo en barrios. Fuimos a parar a Sant Andreu en unos locales que nos ofrecieron las religiosas de Jesús-María y en otro que nos ofreció la parroquia. Después el Ayuntamiento nos concedió un local de la antigua Pegaso en el que todavía estamos.

La Fundació Vidal i Barraquer como instituto universitario de la Universitat Ramon Llull en la calle Sant Gervasi de Cassoles

A la calle Sant Gervasi de Cassoles vinimos cuando el cardenal Ricard Maria Carles nos dijo que necesitaba las plantas que ocupábamos en la calle Rivadeneyra, ya que nosotros, decía, no hacíamos obras apostólicas. Estuvimos dos años buscando y no encontrábamos nada, no teníamos dinero. La providencia apareció a través de una fundación que consideró que nosotros cumplíamos con sus estatutos y que nos podían ofrecer la ayuda que necesitásemos. ¿Qué necesitábamos? Un local: este local que usamos ahora y que sigue a nombre de la fundación donante.

De este modo pudimos seguir adelante con nuestro proyecto. Si se me pregunta por el núcleo del mismo, yo diría que es el cuidado de la salud mental. Y dentro de la salud mental están la psicología y la psicopatología de la persona en sus dimensiones de atención, de investigación y de docencia. En este conjunto se incluye, evidentemente, la espiritualidad.

El interés por la psicología de la religión y la espiritualidad

Me preguntáis por el inicio de mi interés por la psicología de la religión. Seguramente eso viene desde que uno nace y recibe una espiritualidad por parte de los padres ya de pequeño y que van ayudando a configurar una estructura que lo hace a uno más receptivo al hecho de la experiencia religiosa, psicológica y espiritual.

Esta evolución pasa por la adolescencia, por la crisis en el tiempo de la guerra, por experiencias de pérdidas de muchas cosas. Después de la guerra viví una época de fervor reparador con una religiosidad todavía infantil. Luego vinieron los estudios, la carrera de Medicina, y entonces se empiezan a abrir los interrogantes, aunque uno no se dé cuenta, pero se abren, acerca de qué es la vida espiritual, por ejemplo. Respecto a la religión, ya me llamaba la atención el hecho de que hay cosas que no cuajan (rituales, costumbres…). Con todo, seguía muy interesado y en búsqueda en el ámbito de la espiritualidad y la trascendencia. Entré en el noviciado con el interrogante de qué es la mística. Fue para mí un gusto poder recibir como destino la dedicación a la psiquiatría y la elaboración de una tesis doctoral. Psicología, medicina y espiritualidad iban de la mano en mí. Y esto se mantuvo durante mi estancia en Alemania.

Al volver a Barcelona empecé a dar mis primeros pasos en la Facultad de Medicina. Tuve contacto con los psicoanalistas, que eran vistos como el «demonio», pero yo entré en tratos con el «demonio» y me pareció que era muy honesto y que el modelo psicoanalítico era uno muy coherente. ¿Cómo se puede llegar a una comprensión antropológica del ser humano de modo que la espiritualidad y todos los elementos religiosos de la persona puedan, de alguna forma, ser comprendidas como cosas que no están fuera de la realidad sino encarnadas? Esto es lo que yo buscaba y siempre he buscado.

La dimensión de la mística empezó a interesarme mucho en el sentido de que era misteriosa, pero que tenía una realidad. Lo que empezó a ofrecerme una apertura al respecto fue la lectura de Teilhard de Chardin, que me convenció más que las fundamentaciones teológicas. Esto fue ya antes de hacerme jesuita. Después, en mi época de formación como jesuita, el interés estaba en ligar la racionalidad con la experiencia interior. En la etapa de los estudios de Filosofía me encontré con las asignaturas de Psicología Racional y de Psicología Experimental. La experimental era a base de aparatos, lo conductual más puro y duro. Y la racional, el nombre ya espanta, suerte que teníamos un gran profesor que comenzó a interesarse por los aspectos del no consciente.

Entonces se seguía la tipología de Sheldon, que es como ahora una especie de eneagrama (¡que me perdonen la analogía!): el cerebrotónico, el viscerotónico y el somatotónico. Según tu constitución somática y psíquica tenías un perfil. Acabada Filosofía ya veía claro que aquella psicología no iba a ningún lugar y fue cuando el provincial me ofreció hacer la tesis doctoral. Me decidí por escoger un tema de psicología relacionado con la biología; un tema que era una incógnita desde hacía más de cincuenta años: los «cabezas rotas». ¿Qué les pasa a estos señores que pudiendo estudiar, porque tienen inteligencia y no tienen ninguna enfermedad observable, no pueden? Entonces fue cuando me dediqué a leer y me di cuenta de que no podíamos atribuir a una dificultad de las neuronas la causa de esas fatigas. Comprobé en la tesis que no era una dificultad primariamente somática la que ocasionaba ese problema.

Tras mi paso por Alemania y con mi regreso a Barcelona, me preguntaron si quería explicar la psicopatología general. Entonces empecé a pensar en psicología y religión. Llegaron a mis manos los libros de Viktor Frankl y el psicoanálisis existencial. También conocí los de Carl Jung, que no me acabaron de convencer. Leí tratados antiguos de psicología religiosa que eran aproximaciones fenomenológicas. Al final acabé dedicándome a la enseñanza de la psicopatología general con el libro de Jaspers. A partir de ahí fui leyendo también a Husserl, que comenzaba a hablar del mundo inconsciente, no de una forma psicoanalítica sino como experiencia humana, y esto me empezó a gustar mucho. Husserl fue el gran maestro de Edith Stein. Leí libros clave para mí. También por aquel entonces empecé a conocer en la Facultad de Medicina a algunos psicoanalistas y a participar en algunas reuniones de la AIEMPR [Asociación Internacional de Estudios Médicos Psicológicos y Religiosos]. Me di cuenta de que la Iglesia era muy suspicaz con todas estas cuestiones psicoanalíticas.

En cualquier caso, la fenomenología del inconsciente de Husserl hizo mella en mí, y comencé a pensar que el análisis puede aportar cosas a la religión, pero me quedaba el miedo, en caso de optar por psicoanalizarme, de qué podría pasar con mi fe. Ante estas dudas primero pregunté a Roma, a la curia de los jesuitas, y me dijeron que hiciese lo que quisiera, pero que opinaban que era mejor que no. Opté por esperar, mientras tanto empecé a escribir el libro sobre psicología y psicopatología de la religión. Diez años después volví a pensar en analizarme y fui a consultar a Madrid con mi amigo Andrés Tornos, que había empezado algunas experiencias psicoanalíticas y que a su vez era un hombre muy capaz, muy profundo y que entendía. Me dijo: «Yo en tu lugar me psicoanalizaría». Escogí a un psicoanalista que me inspiraba honestidad.

Otro de los elementos a considerar era la evolución de los jóvenes de aquel momento en relación con la religión. Recuerdo que en los años 1966 y 1967 los estudiantes estaban en plena efervescencia. Yo daba unas clases universitarias de alumnos de Medicina, unos ciento cincuenta. Eran contestatarios, pero reconocían que lo que yo les decía era diferente; en vez de darles moral les decía: «Os diré lo que no debéis hacer cuando seáis médicos». Les gustaba porque era decirles críticamente lo que estaban haciendo los médicos y no debían hacer. En vez de explicarles: «Tenéis que hacer esto, lo otro, etc.», les decía: «Mirad cómo están haciendo esto; mirad cómo están tratando a la gente; mirad cómo están tratando a un hombre de 60 años que espera que lo traten como a un adulto y no como a un niño; mirad cómo el cirujano en el quirófano se comporta como si fuera más que un papa o un cardenal, que se inviste con una autoridad que impide que nadie le pueda decir nada; una asepsia exagerada hasta el extremo, revestidos todos, impresionando a la gente... Es una comedia». Iba diciendo cosas como estas.

El tema de la fe, en relación con la psicología de la religión, ha sido muy importante para mí y creo que todavía lo es: hacer compatible una cierta dosis de creencia con la fe, es decir, lo mítico junto a lo místico. Me explico. Entendemos por mítico todas aquellas circunstancias sociales y personales que son mediaciones para relacionarse con lo que es una realidad no tangible. Y la mística sería la relación experiencial con esta realidad no tangible. El místico prescinde de mediaciones; en general, solo es su experiencia interna, que es indescriptible, inefable, pero es lo que él siente como contacto con esta realidad última, realidad que para el budista será lo que sea y para el cristiano será el Dios de Jesús. Lo mítico es, en cambio, todo lo que nos acompaña y que no son cosas banales. En el cristianismo, por ejemplo, el mito de la escritura que es todo el Antiguo Testamento: el mito de la creación, el mito del pecado original, etc. Necesitamos hablar de cosas tangibles y concretas para poder llegar a lo que no podremos llegar nunca. Hacer compatible esto abre unos horizontes que te dan una cierta seguridad. Y la práctica es lo que te da el poder constatar la conveniencia y la necesidad que tenemos también de estos mitos. Pienso que es muy difícil que se llegue a la pureza mística, incluso ni los místicos habituales pueden. Necesitamos de mitos.

Siempre me ha interesado el tema de la psicología de la religión y el de la psicopatología de la religión. Me preguntaba: «¿Mística o enfermedad?», «¿Cómo se vive psicológicamente la fe?», «¿El psicoanálisis hace perder la fe?», «¿De las críticas que Freud hizo a la religión, a partir de *El porvenir de una ilusión*, qué queda?». El texto de Freud me impactó porque yo hacía las mismas críticas: las problemáticas de la Iglesia en materia antropológico-moral son graves; hace falta dar un do de pecho cuando atravieso la zona turbulenta de los setenta, en la que cada semana se dispensan del celibato o del sacerdocio y de la vida religiosa un gran número de compañeros y de conocidos; el Concilio Vaticano II tiene cuestiones válidas y básicas, pero pienso que todavía no le afectó la problemática de la psicología profunda.

Cuando entré en contacto con la AIEMPR me encontré con varios religiosos que habían optado por la línea psicoanalítica. Consideré que hacía falta que en la Fundació Vidal i Barraquer nos pusiéramos en esta línea. La psicología más conductual la profesaba la gente con una religiosidad cerrada y les daba miedo el psicoanálisis, lo consideraban peligroso.

En el año 1975 me encargaron que crease una colección de Psicología y de Psicopatología. Se me ocurrió abordar tres dimensiones: un tratado de psiquiatría analítica, uno de psiquiatría social y uno de psiquiatría religiosa. El primero se lo encargamos a Joan Coderch, y tuvo un éxito enorme. El segundo a Martí Tusquets, S.J. El tercero lo asumí yo mismo, y teniéndolo medio escrito, no me atreví a publicarlo, lo archivé. Después de veinticinco años escribí mi libro. Recuerdo que entonces trataba mucho el tema de las epilepsias y los problemas que representaban a la religión. Por ejemplo, que estaban catalogadas junto a los endemoniados como irregularidades para el sacerdocio. También me interesaba mucho el tema de los obsesivos escrupulosos.

Hay que tener en cuenta que, en aquel momento, para algunos psiquiatras la dimensión mística era más o menos una expresión de patologías encubiertas en la religión. Por otro lado, la obediencia a Roma nos impedía investigar sobre esto. Nos decían que tratásemos a los enfermos con medicinas o pastillas, pero que no nos metiéramos con su conciencia, que es otra cosa. En cualquier caso, el *quid* para mí estaba en abordar de forma integrada y no por separado la psicología y la religión. Y esto, con el tiempo, se me ha ido confirmando. De hecho, la evolución que seguía, y sigo, era la de ir viendo cuál era el lugar en el que podría trabajar más los fundamentos psicológicos de la religión. Y cada vez se me confirmaba más que este «lugar» era el modelo psicoanalítico.

En «La Contra» de *La Vanguardia* de antes de ayer,[1] un neurocientífico decía que el cerebro humano es muy plural y que no hay localizaciones cerebrales, como se creía antes, sino que el cerebro es reticular, que hay una red de conexiones. Y que toda la inteligencia, tanto intelectual como emocional, se basa en las conexiones que se establecen, queriendo decir que nuestro cerebro es como una orquesta en la que no hay divos o primeros, sino que todos pueden trabajar de acuerdo con las necesidades. Y le preguntaban: «¿Y el director de orquesta?». «¡Ah!, lo que interesa de la orquesta es que cuantos más elementos tenga, mejor,

---

1 *La Vanguardia*, 31 de diciembre de 2008.

pero no hay director de orquesta», respondió. No quiere decir que el director de orquesta sea lo espiritual, es lo subjetivo; esta subjetividad la llamarás como quieras, pero es una realidad, subjetiva, más real que las mismas neuronas. Es la misma realidad. Y los elementos subjetivos de fe, que forman parte de esta realidad, son los que contribuyen a dirigir la orquesta. Dicho de otro modo, desde un lenguaje más de la espiritualidad: cuanta más capacidad tengas de conectar con el mundo real, externo e interno, más te acercas a lo que Dios espera del ser humano. Estamos creciendo continuamente, mientras tengamos los instrumentos que todavía funcionan. Es una orquesta en la que cada vez hay más melodía y que a la vez hay más elementos para poder tocar diferentes instrumentos que antes desconocíamos y que van enriqueciéndose, y con ellos se pueden hacer melodías sublimes. La utopía es la melodía de Dios. La gran dificultad es que la psicología de la religión, incluso hoy en día, en general prescinde del hecho religioso, como si no formase parte sustancial de esta orquesta y del «director».

Me pedís que os diga algo también sobre Iglesia y psicoanálisis. Desde el Concilio Vaticano II empezaron a decirse cosas que antes no se podían decir. Comenzaron a caer paredes, protecciones y seguridades de creencias que no funcionaban, anacrónicas. La consideración de la dimensión antropológica comenzó a tomar cuerpo en buena medida gracias a Karl Rahner, que era un teólogo-antropólogo-místico y, en este sentido, muy cercano a la psicología profunda.

Pero este fue un paso. ¿Por qué no se han dado otros pasos? Porque no hemos sido capaces de abrirnos más a la dimensión mística desde el punto de vista espiritual y a la psicología profunda desde el punto de vista psicológico, psicoanalítico. Esto todavía no se ha hecho. Todavía tenemos miedos. Todavía tenemos poca fe. A la gente que representa la Iglesia le pasa esto: miedo de perder las seguridades que dan la ley, las normas, la moral, los dogmas, todo esto. Piensan que perder esto es traicionar al origen de todo. Pero a mí esto no me preocupa demasiado, porque el Espíritu puede seguir soplando desde abajo. El General de la Compañía lo dijo hace poco: «Los cambios no los esperéis de arriba abajo, serán de abajo arriba». Aquí estamos. De hecho, la gente sigue buscando dentro y fuera de la Iglesia. No sabemos cómo vendrá la historia, pero lo que sabemos cierto es que Dios está presente en esto si procuramos ser humildes y dejar que vaya surgiendo la verdad de Dios. El problema es que no somos humildes y tenemos una autosuficiencia, que es lo que nos pierde a todos.

Tal vez un paso importante que deberíamos dar es tener claro que las creencias no son la fe, que las creencias pueden cambiar y que lo único que realmente queda es la fe. Dicho en términos más antropológicos, en definitiva, ante Dios, lo que Él desea de mí es mi conciencia por encima de todo. Podrá ser errónea o no, pero es mi conciencia. Él me mira y me acepta por mi conciencia, por lo que en conciencia he hecho. Porque la conciencia es lo que Dios nos da, donde se nos hace sentir; no la norma que he de seguir. Por esto se habla de conciencia homóloga y de conciencia heteróloga. Una es la que se fija solamente en lo que me han dicho que se ha de hacer y la otra es lo que hago. Y esto es uno de los signos de salud mental, tener esta capacidad de normatividad, de libertad interior, de ser libres. Y esto es lo que quiere Jesucristo. No libres para hacer lo que te dé la gana, sino para poder hacer aquello que tú sabes que es bueno y hacerlo, y lo que no es bueno no hacerlo. Siempre tenemos la capacidad de elegir.

Y cuando la Iglesia marca de manera tan inalterable «esto es así», lo que está presentando son simples creencias que pueden tener un sentido social porque la gente lo pide. Muchas personas lo que quieren son seguridades; quieren que les digas si han de abortar o no, si han de tomar la píldora o no, si han de ir a misa los domingos o no. Quieren saber cosas concretas para estar seguras; esto son creencias, y hay muchísimas. Pero lo verdaderamente importante es pasar de las creencias a la fe. Es verdad que no podemos tener fe por sí sola, que necesitamos algunas creencias, pero es muy diferente tener creencias provisionales, circunstanciales, que ser un crédulo. Por lo tanto, hay que saber diferenciar las creencias de la fe. De cara a la gente esto supone un proceso de elaboración, pero sería bueno que la Iglesia no insistiera tanto en las creencias. Y cuando la Conferencia Episcopal marca estas seguridades de que la familia es esto y solo esto, me digo: «Dios mío, ¿por qué decimos esto si no lo sabe nadie?». La familia existe y debemos fomentarla, pero miremos qué es el núcleo de la familia, de la paternidad y de la maternidad, y de la vida, que no es un valor absoluto. Esto que digo de que la vida no es un valor absoluto, sino relativo, va a misa. Tenemos el ejemplo de los mártires, de los que hacen huelga de hambre para salvar a un pueblo y se mueren, y te dirán que eres un héroe, pero lo haces voluntariamente. No es un valor absoluto la vida. No hagamos creencias de una cosa que no es la fe. Solo Dios es el absoluto, no hay más absolutos.

Líneas de pensamiento: psicología, psiquiatría, psicoanálisis, antropología y mística

Tal como yo la he vivido, la evolución de la psicología en Occidente era más racional, una psicología que separaba la mente de la experiencia corporal. Respecto de la psiquiatría, la gran evolución se dio a raíz de la fenomenología alemana amplia, que describe el fenómeno psiquiátrico tanto desde el punto de vista de la sintomatología, que era lo que se llamaba psicopatología general (delirios, etc.), como desde el de la psicopatología especial, es decir, las enfermedades: la esquizofrenia, las psicosis, las neurosis y las psicopatías. Creo que al intentar unir psiquiatría con psicología, el abordaje se da, en un primer momento, de manera más filosófica y no psicoanalítica.

¿Y la religión qué pintaba en todo esto? Pues aclarar que los endemoniados no eran demonios sino enfermos mentales, y este meritorio reconocimiento lo empezaron a concebir los primeros hospitales psiquiátricos. Luego vino el psicoanálisis y, con él, el gran miedo de entrar en el mundo no consciente, en el mundo que diríamos «de espíritus». Todavía hoy, en algunos sectores, se hace difícil admitir que la unión de nuestro espíritu, en minúscula, y el Espíritu de Dios, en mayúsculas, se manifiesta a través del mundo afectivo no consciente.

En la actualidad estamos, a mi modo de ver, en un momento pletórico, de percibir que el mundo psicoanalítico se interesa por la espiritualidad. En esto el psicoanálisis ha evolucionado. Freud veía dos aspectos de la religión: una como un mecanismo de huida; otra como una dimensión clarividente de la fe, que él no se explicaba y que sospechaba diferente de las clarividencias psicóticas delirantes. Ya Freud se había interesado por lo místico; definió a la mística como la oscura percepción del reino exterior al yo, o sea, el ello. Él ponía en el ello, en el inconsciente o el subconsciente afectivo, a la mística. No era una cosa racional, no era un producto del yo, era una intuición del mundo emocional humano.

Volviendo a la psicología, diría que en el momento actual todas las diferentes psicologías que hay aportan algo importante, todas muestran diferentes aspectos: la conductual, la cognitiva, la sistémica, la transpersonal... Pero las psicologías se están relacionando íntimamente con las psicopatologías y con los condicionamientos culturales del tipo que sean. Por lo tanto, la religión está influenciada por todos estos condicionamientos. Y por ello, hablar de psicología religiosa es hablar de un aspecto de la antropología religiosa o, mejor dicho, de la antropología espiritual. Los antropólogos dicen que lo que especifica a la persona es lo espiritual, en otras palabras, el hecho de ser incompleta, y por eso la persona busca ir más allá de lo que ya tiene, tanto investigando científicamente, como artísticamente, como espiritualmente.

Personalmente me gusta hablar de «antropología psicoanalítica». Para mí, el psicoanálisis es el modelo que ayuda más a que sea posible construir una antropología. ¿Por qué? Porque ayuda a distinguir el nivel inconsciente. También me gustan los enfoques interdisciplinares. Para mí, una de las cosas más importantes que he hecho es colaborar en la definición de salud mental, justamente porque era interdisciplinar.

Entrando ahora en la cuestión de la espiritualidad, diría que eso que llamamos «el espíritu» pasa por la subjetividad, pero es diferente, tiene otro estatuto, no es físico. Lo que llamamos espíritu es una forma de entender el Espíritu de Dios y, por analogía, hablamos de nuestro espíritu. Si somos hijos de Dios no es que Dios compre nuestra carne, no; compra todo junto, cuerpo y espíritu, pero tenemos espíritu, que es lo que llamamos el alma. Son conceptos de los que no tenemos referentes para entenderlos a fondo, los hemos de delimitar. Por lo tanto, no podemos saber qué es el Espíritu de Dios. Es decir, necesitamos nombres para referirnos a eso Otro, pero tenemos tantos que ninguno de ellos lo abarca todo, porque lo que es del todo no lo sabemos. Claro, esto es muy provocativo para los humanos que necesitamos ideas claras y distintas para todo.

Desde esta perspectiva, la psicología de la religión abordaría el aspecto subjetivo de nuestra experiencia espiritual. Cuando digo subjetivo quiero decir mental, diferenciándolo del aspecto neurológico, es decir, cerebral. Pero, fíjate, digo aspectos, no digo realidades. Es la misma realidad que puedo mirar desde la neurona o desde la mente psicológica. Psicología es la mente. La mente es lo psicológico y lo psicológico es espíritu también. Y, si quieres, todo es espíritu. Lo que pasa es que limitamos la palabra espíritu a cuando nos referimos no tanto a la operatividad del espíritu, sino a la experiencia subjetiva del espíritu. Pero el espíritu está ahora, en este momento; nos estamos comiendo un cruasán y una ensaimada y hay espíritu aquí. Dios está presente en todo, creando, pensando o vegetando.

El espíritu no es materia, pero lo vivimos a través de nuestra materia, que es nuestra psicología, entendiendo por psicología las neuronas funcionando; por lo tanto, en el funcionamiento de las neuronas la psicología es lo subjetivo. Las funciones de las neuronas bioeléctricas y bioquímicas son objetivas, materiales. La subjetividad psicológica también es material, es física, no está en otra esfera, en cambio el Espíritu, Dios, no es físico, pero nuestro espíritu sí está expresado, y aquí viene la cuestión, a través de nuestra psicología humana: que no tenemos más que una psicología para relacionarnos con el Espíritu de Dios y con los demás. Y esto es lo que llamamos el «objeto interno mental Dios», según la teoría de las relaciones objetales, que es el significado que tengo yo en mi mente, mis neuronas y mi psicología, cuando hablo de Dios o del espíritu.

Dentro de la espiritualidad, la mística ha sido uno de los grandes temas que ha centrado mi interés. La mística, al fin y al cabo, es la expresión de la fe madura. Es acercarte al misterio. No sabes, no tienes palabras, pero intuyes, captas, experimentas en la medida en que eres capaz, y esto es lo importante psicológicamente hablando. En la medida en que te vas despojando de autosuficiencias, de creer que ya lo sabes todo o que ya lo tienes todo, de seguridades, etc., es cuando vas madurando psicológicamente y pones el centro de gravedad no en ti mismo sino en la alteridad. La alteridad puede ser la persona o puede ser el trascendente. La mística es la búsqueda de la máxima alteridad. La noche oscura, la música callada, llámale como quieras, es la paradoja de la vacuidad, pero con la plenitud que no tienes y que esperas. Esto es en definitiva la fe. Y la fe es lo más convincente y al mismo tiempo lo más misterioso.

La mística supone esta vacua plenitud de recibir al Otro, al inefable, a Dios; entrar en esta comunión en la que te unes, pero no te confundes. Llegar a esto pide una maduración humana o espiritual suficiente. Es algo que uno lo va captando a menudo, sin darse cuenta de que lo capta. Es por todo esto también por lo que en los ejercicios espirituales buscamos que haya el mínimo de palabras, que pueda aflorar incluso el aburrimiento, pero que haya silencio.

Creo profundamente que en la vida nos atraviesa algo, que es el espíritu, que nos lleva sin darnos cuenta, y a veces contra nuestra voluntad; esto es la base de una auténtica humildad. A veces pensamos que las cosas las estamos haciendo nosotros, que dependen de nosotros, pero en momentos de lucidez percibimos que lo que está pasando no depende solo de uno. Captar esto ya supone fe. La mística es captar esto cada vez con más profundidad hasta llegar a vivirlo como centro de la vida.

Apurando un poco, me atrevería a preguntarme ¿no será verdad que o se es místico o no se es persona? Supongo que Rahner, con su afirmación «el cristiano será místico o no será», quería decir que ser persona es ir creciendo, que la humanidad vaya desarrollándose hasta la plenitud que es «la humanidad mística».

Detrás de todo esto está también la pregunta sobre cuándo una persona comienza a ser madura. Según mi manera de entender, psicológica y psicoanalíticamente, uno empieza a ser maduro cuando puede establecer unas relaciones no solo de «objeto total», sino también cuando nuestra «posición depresiva» llega a un grado tal en el que la alteridad esté por delante del egocentrismo. Por lo tanto, que llegue a pesar más el deseo, la satisfacción obtenida en la relación con la alteridad, que sería, por ejemplo, cuando una pareja se ama tanto uno al otro que ya pueden tener hijos, no cuando se han enamorado, que es diferente. Sería cuando se aman de verdad y es entonces cuando pueden tener hijos, son creativos. Y esta creatividad biológica y mental es la que posibilita de cara a otro u Otro vaciarse del todo.

Con todo este interés por la mística, no quisiera subestimar el papel del mito en la experiencia religiosa y espiritual. El hecho de que haya un mito no quiere decir que no haya una realidad que pueda ser. Es más, los mitos religiosos se estructuran sobre algo que puede ser bueno. Por poner un ejemplo: el mito del celibato. Si dijéramos que solo es bueno el estado celibatario, que es un estado de perfección, entonces estaríamos hablando de un mito falso. El mito verdadero diría más bien que, a través del estado celibatario, es posible alcanzar un tipo de experiencia humana simplemente diferente y buena, ni mejor ni peor que otras, ni válida para todo el mundo. Naturalmente, la experiencia celibataria puede tener dificultades e implica unos duelos continuos, pero pueden ser duelos de crecimiento; esto dependerá de cómo uno la viva. En definitiva, yo recomendaría que mantengamos devociones, creencias, mitos, pero no de una forma apocalíptica, porque la fe vive más adentro y más hondo que las creencias, las devociones y los mitos.

Me atrevería también a decir que «la mística es sexual». Porque ¿qué es sexual? Sexual es fundamentalmente relación con el otro. El problema es que ponemos lo erótico como centro de la sexualidad cuando lo central es la relación. La sexualidad es lo relacional que puede ser erótico o no, puede ser afectiva y puede ser de complementación, de copulación emocional, de corazón, total. Podríamos hablar también de una «sexualidad mental» en el sentido amplio de la palabra (emocional y cognitiva) que es «creativa», es decir, capaz de simbolizar, de elaborar duelos, de dejar cosas que nos gustaría tener en aras a alcanzar otras más nutritivas y de más valor. Además, resulta que esta capacidad de simbolización es el camino hacia la mística; el camino de dejar para crecer.

Y no se trata de «sublimación». Freud no acabó de desarrollar este concepto, posiblemente porque no acabó de entender la sexualidad en un sentido más relacional.

Podría hablarse de un «matrimonio espiritual» para expresar aquella estimación profunda de Dios, que conduce a que yo y el Otro seamos una sola cosa. Esta intuición no dual proviene de las espiritualidades orientales que, sin ser panteístas, expresan aquel sentimiento de sentirse formando parte del Otro y de los otros, de sentirse como la gota de agua en el mar: uno continúa siendo gota de agua y a la vez más que gota de agua. Todo esto no podemos explicarlo conceptualmente; necesitamos recurrir a imágenes. Tal como hacía Jesús con sus parábolas. El pensamiento de Jesús era oriental, después lo hemos ido conceptualizando racionalmente. La mística, entendida como el matrimonio espiritual, quiere decir llegar a ser creativos con Dios, creativos de comunicación. «Creativos» evidentemente no en el sentido «biológico», sino en el ejercicio de esa capacidad de perder el miedo, dejarse ir junto al otro, de no confundirse sino unirse y crear cosas nuevas, de establecer una relación de comunicación más profunda. A esa relación creativa de Dios en nosotros podemos llamarla «inspiración» o «revelación». En cualquier caso, es el nacimiento de una cosa que no estaba visible antes, que estaba potencialmente, pero todavía no manifestada. No la habíamos parido. La revelación es un parto.

Hemos conversado abiertamente sobre mística, espiritualidad, psicología... Yo creo que toda relación psicológica sana es también espiritual en la medida en que acoges, escuchas a otro que percibe tu «interés desinteresado» por él, que percibe que no deseas poseerlo o dominarlo sino simplemente su bien. Todo eso es como una plataforma espiritual que prepara el terreno para que él pueda encontrar, a través de su modelo relacional sano, un modelo relacional con Dios, libre de defensas y de miedos. Igualmente, en las sesiones terapéuticas el papel del terapeuta es entender al máximo qué le está queriendo decir la otra persona (que a veces dice cosas que ni ella sabe que quiere) a fin de poder ayudarla a descubrir aquello que ella misma no sabe que está buscando. Eso supone un respeto máximo hacia la otra persona y, a la vez, una suave conducción para que ella vaya descubriendo algo por sí misma. Estamos hablando de la función terapéutica. En el acompañamiento espiritual es diferente, se puede ser más directo. Pero tanto en lo terapéutico como en el acompañamiento espiritual lo importante es ayudar a la persona para que pueda trabajar de tal manera que acabe por quitar los obstáculos que le impiden dar el paso que podría dar.

Sobre la sexualidad

Como se habrá podido ver, no entiendo por sexualidad lo que se entiende corrientemente. Cuando hablamos de sexualidad pensamos en la cuestión erótica o en relaciones corporales, de irse a la cama con la pareja o con quien sea. Cuando dices sexualidad la gente piensa estas cosas. Pero si hablamos de sexualidad en el sentido más original y profundo, nos referimos a lo relacional. La sexualidad es relación personal que incluye a la persona en todas sus dimensiones, desde lo más infantil —los erotismos, la afectividad, la estimación altruista, etc.—, pasando por lo cognitivo, hasta llegar a la capacidad de interaccionar con el otro y ser creativos. Es compenetración interactiva con el otro, y esto da creatividad no solo en el sentido biológico, sino también en el sentido personal, mental y humano. Y esto es aplicable a todas las relaciones humanas, también a la espiritual.

Por eso hablo tanto de la antropología psicoanalítica, porque es la que te da un modelo vertebrador para ir ubicando las diferentes posibilidades humanas de la persona. Cuando digo posibilidades humanas me refiero a los aspectos más afectivos, emocionales (la parte predominante del hemisferio derecho) y a los aspectos cognitivos (la parte predominante del hemisferio izquierdo), que articulan, canalizan y conceptualizan. Todo esto forma una unidad, pero lo específico de la sexualidad es lo relacional, y en este sentido nos ayuda la teoría psicoanalítica de las relaciones objetales.

Desde el comienzo, Freud ya tenía en cuenta todas estas relaciones objetales personales, lo que pasa es que, debido a la cultura de la época y a su propia formación, acentuó mucho los aspectos que hoy en día la gente entiende más por sexualidad, esto es, las relaciones sexuales eróticas, las fantasías eróticas, etc. Pero el mismo Freud se interesaba cada vez más por lo que en la actualidad constituye psicoanalíticamente la sexualidad, a saber, la capacidad de perder el miedo, de arriesgarse a lo desconocido del otro, de dejarse influenciar o configurar por el otro, etc. Al fin y al cabo, cuando dos se compenetran se están autofecundando; es decir, hay una creatividad. Yo diría que el psicoanálisis actual ha dejado más de lado los aspectos orales y anales y se ha centrado más en los aspectos genitales, entendiendo por genitales el total de la persona, no el fálico, es decir, la genitalidad adulta, la madurez. Usamos términos corporales: oral, anal o fálico, pero esto elevémoslo al término del símbolo, de la realidad mental nuestra. Pues elevándolo a la parte simbólica llegamos a tener la creatividad, que es específica de la especie humana, no la biológica, que es común a todos los primates, sino la espiritual, la mental, la que abre al trascender. Trascender, ¿hacia dónde? Hacia el nivel más allá de lo físico, al nivel de lo cósmico, de lo místico; trascender hacia una realidad, que para mí es Dios y que, como dice el Evangelio, «nadie lo ha visto ni lo verá». Pues esta realidad en la que confiamos sin verla es el trascender que nos viene gracias a la sexualidad espiritual, gracias a dejarnos fecundar por la gracia, una fecundación que aún no se ha dado del todo en nosotros pero que, precisamente por ello, nos estimula a buscarla.

Desde este punto de vista, para mí la sexualidad es un «propio», es decir, es como la salud. La salud no es la propia vida, pero es la forma de expresar la vida sanamente. La sexualidad es la forma de expresar la vida *compenetrativamente*. Cuando estuvimos elaborando filosóficamente la definición de *salud mental*, decíamos que es un *propio* del ser; algo que no es el mismo ser, pero que es una expresión del ser. La salud es una expresión de la vida y la sexualidad sería una expresión de un aspecto de la vida, que es el aspecto relacional y compenetrativo. Y si me apuras, un poco abusivamente, la sexualidad es un *propio* en cuanto que es la tendencia a trascender, a no quedarse solamente en lo físico. Esto lo llevamos adentro en potencia y por eso no me gusta la palabra sublimación, me gusta más la simbolización.

El concepto de sublimación, en el fondo, parte de una concepción corporal de la persona. En cambio, el concepto de simbolización parte de una concepción mental, y lo que especifica más al ser humano no es lo corporal, sino lo mental, que no se puede separar de lo corporal pero que es un aspecto de él. El símbolo va más allá de la realidad corporal. El símbolo es una experiencia valorativa superior a aquello que es el signo, la cosa que es el significante y el significado, diríamos. El significado va más allá del significante.

¿Qué decir de la psicogénesis de la sexualidad? Pienso que, desde que nacemos, la clave está en la lucha entre el principio del placer y el principio de realidad. Cuando sales de la matriz materna haces lo que puedes para sobrevivir y necesitas la seguridad que te da la satisfacción de las carencias que experimentas. Desde el comienzo somos carentes y esta carencia que tenemos necesitamos saturarla. Si no la saturamos, entonces queda un deseo, una necesidad. Aquí la maduración consiste en llegar progresivamente hasta la simbolización, es decir, hasta poder aguantar la frustración esperando que tenga una satisfacción. Aquí está el *quid* de la cuestión.

Más adultos, la simbolización es lo que nos permite dejar las seguridades materiales, corporales y sociales de la vida en aras de la trascendencia. Esto ya sería el último grado. Dicho de otra manera menos espiritual: cuando el amor al otro llega a superar el amor a uno mismo; cuando el principio del placer de satisfacerme a mí mismo me permite aguantar tiempo, renunciando al placer querido de inmediato. Pues, no señor, no todo de inmediato y además no todo para mí, que sea para el otro. Esta combinación de aplazamiento y donación es lo que posibilita hacer un símbolo valorativo del otro, y es la fuente de las satisfacciones más grandes que podemos tener.

Y aquí conviene recordar los «grados de satisfacción». El primero, el principio del placer, es sensorial: la piel, los sentidos, etc. Después, en este *continuum*, viene el nivel de la afectividad; a través del contacto con la piel están las personas y las personas no son solo físicas, ya son psíquicas, ya transmiten alguna cosa: la sonrisa de la madre, la mirada… El tercer grado viene configurado por el despertar del instinto sexual. Este ya estaba en el nacimiento (ahora se sabe que hay masturbaciones en la matriz, que tanto los niños como las niñas se tocan los genitales). Tocándose las zonas eróticas se obtiene un placer biológico que es común al reino animal. Hemos hablado del placer corporal, pero al hablar de las satisfacciones afectivas entra ya la parte mental, es decir, la percepción. Ya no son solo sensaciones, son percepciones cada vez más elaboradas que no son independientes de la cognición, de la connaturalidad de un conocimiento afectivo. Todo esto indica que no podemos desligar lo cognitivo de lo afectivo, y que la sexualidad se nutre de todas estas afectividades.

¿Qué pasa, pues, en el despertar de la adolescencia? Que se despierta el erotismo biológico-hormonal, en los hombres de una manera y en las mujeres de otra. Es la parte animal. Entonces en nosotros viene el control o la represión. La represión está en función de los mecanismos defensivos que, debidos al miedo o a la inseguridad, hacen que te encojas o que los proyectes hacia afuera. Pero también cabe la posibilidad del control consciente: en la medida en que vamos madurando y evolucionando cognitivamente, nos vamos dando cuenta de que somos unos «primates diferentes». Así, «control» quiere decir que decido de alguna manera, dentro de mi limitada libertad, optar por lo que tiene más valor corriendo el riesgo de soportar el dolor o el sufrimiento que me produce el aplazamiento del hambre que tengo y no está satisfecha.

Cuestión aparte es la de los «desórdenes en la vida sexual». De manera sencilla, diría que el desorden no está en el placer o en el no placer obtenido, sino en un mal encarrilamiento de la sexualidad que conviene controlar. Por poner algún ejemplo, la masturbación no está bien encarrilada si quien se masturba lo hace solamente para disfrutar él mismo. Del mismo modo, una relación erótica solo corporal, si satisface a los dos y no hace daño a ninguno, no la veo descarrilada, pero si solo lo hacen para satisfacerse acabarán aburriéndose, porque no somos animales. Es como si solo se reunieran para comer y llenarse, pero desbordadamente. Otra cosa es que a través del comer se pueda conformar una relación, que sería una forma de amistad. Pero lo que predomina no es la comida que comes, sino que ello posibilita la satisfacción de entrar en contacto con una persona como persona. No se puede separar una cosa de la otra, pero hay que mirar bien dónde se pone el acento. Y en una sociedad tan primaria y narcisista como la nuestra, los acentos suelen ser muy bajos y superficiales: «Busca obtener placer y no te metas en más líos». Es verdad que las parejas se ayudan mutuamente en una relación íntima, sexual, erótica, pero han de tener cuidado si solo se quedan en este nivel.

Así pues, lo más importante en la sexualidad humana no es lo biológico, sino que se dé una compenetración creativa de dos personas que se configuran y se modifican una a la otra, cosa que es continua. Precisamente no hay aburrimiento en la medida en que el uno está cambiando al otro, y viceversa. Hay aburrimiento solo cuando hay una relación superficial, o corporal o solo afectiva a unos niveles muy bajos. En esto se juega la perdurabilidad de una pareja. Además, no es la reproducción solo lo importante porque esta creatividad no es solo por los hijos.

Tal vez una de las cuestiones que dificulta una sana vivencia de la sexualidad en nuestros tiempos sea una cierta carencia de cuidado materno o paterno en los inicios de la vida del bebé, que los hace sentirse abandonados. La falta de estimación dificulta el desarrollo del aspecto afectivo de la sexualidad, que es indispensable. Nuestra dimensión afectiva, para poder desarrollarse, necesita bien pronto de afecto, de estimación, de miradas, de besos y no tanto corporales sino afectivos, mentales, psíquicos. Cuando esto nos falta, podemos sentirnos abandonados y, en consecuencia, la afectividad necesaria para tener una buena sexualidad quedará perjudicada. Un ejemplo sería el de las parejas que se casan y no tienen relaciones sexuales, tal vez porque hayan tenido reprimida la obtención de placer sexual, o tal vez por algún mal recuerdo como, por ejemplo, determinadas relaciones erotizadas con los padres. Puede suceder que los padres, de una manera inconsciente, disfruten jugando con el erotismo que está incipiente en los niños, incluso en los bebés, o que ellos mismos, como pasa en el caso de los abusadores infantiles, disfruten estimulando la sexualidad erótica o se estimulen con la sexualidad del infante que no entiende nada mientras lo están obligando a alguna cosa. La violación es esto, violentar, es violencia.

Hemos de abordar también la cuestión de la Iglesia y la sexualidad, porque la Iglesia ha tendido a hablar de la sexualidad como algo pecaminoso. La moral sexual ha mostrado una tendencia de tipo obsesivo y perfeccionista. Lo que hace ser más escrupuloso a un obsesivo es todo lo que está relacionado con lo sexual. La misma distinción que hacen los moralistas entre pecado mortal y venial denota ya una mentalidad obsesiva. Hemos de reconocer que ha habido al respecto una tradición obsesiva en la Iglesia, que ha acentuado el dogmatismo. ¿Qué es el dogmatismo? Un rasgo obsesivo: no cambies nada, no toques nada. Pero eso es una postura fácil, incluso infantil. Esta infantilidad es visible cuando se proponen una serie de normas morales no desde planteamientos de fe, teológicos, profundos, sino simplemente desde lo que se ha de hacer y lo que no se ha de hacer.

¿Y qué decir del celibato? ¿Puede ser expresión de una sexualidad sana? Yo remarcaría que el celibato apunta a anunciar la utopía de la trascendencia, es decir, la estimación al otro de la manera más generosa y altruista posible. Es desplazar el centro de gravedad hacia el otro de tal manera que sea él y no yo el que me interese. Esto, con una persona, es prácticamente imposible, porque de la persona esperas la correspondencia. Las parejas, por mucho que se quieran, no llegan a un amor místico. El amor místico solo se puede tener con Dios. ¿Por qué? Porque en el amor personal necesitamos no el amor místico sino la reciprocidad, que el otro esté bien conmigo y que yo me sienta estimado por el otro para poder formar esta compenetración, esta copulación, diríamos, mental, recíproca. Es decir, la dualidad pasa a unidad, pero a una unidad compartida y equidistante. Con Dios no. Con Dios no hay equidistancia. Cuando yo me entrego a Dios, al matrimonio espiritual que dice santa Teresa de Jesús, ya no soy yo, sino que solo es el otro. No me quedo perdido, pero sí tan compenetrado con el otro que ya no soy yo, es el otro que vive en mí. Esto es muy bonito de decir y muy difícil de conseguir.

Volviendo al celibato desde el punto de vista psicoanalítico, a mí esto me ilumina mucho, porque ¿qué cosa hay concreta en el celibato? Pues lo que ya hemos dicho algunas veces, la estimación a los otros procurando que sea de tal manera que, a pesar de que tú recibas retorno y esto te satisfaga humanamente, hay un más allá que, aunque la otra persona no te satisfaga, aunque sea un enemigo, tú puedes estimarla con esta pureza de amor, con este amor altruista no egocéntrico.

Lo que quiero decir es que es compatible el amor místico con el amor humano de reciprocidad. Lo que pasa es que a diferencia del que tiene pareja e hijos, el celibatario intenta estimar, aunque no haya reciprocidad, tanto a las personas como a Dios. Y esto se basa en la confianza. Sin fe y confianza no habría celibato. Así entendido, el amor celibatario es un amor totalmente entregado a Dios, y a la vez un amor utópico, porque en esta vida nunca lo conseguimos del todo. Sin embargo, seguimos manteniéndolo como un ideal que se concreta en el amor a los otros, en la disponibilidad hacia los demás, en la entrega —que puede ser de muchos tipos— en beneficio de las personas.

2. Psicología y espiritualidad, mística y salud mental

Si en la década de 1960 me hubieran propuesto que escribiera sobre religión y psicología, me habría salido algo muy diferente de lo que ahora presento, o tal vez ni siquiera me habría atrevido a intentarlo. Ha habido una profunda evolución en la relación entre psicología y religión, que va del enfrentamiento conflictivo al interés creciente por el hecho religioso por parte de la psicología, de la psicopatología y recientemente de las neurociencias.

Freud, uno de los grandes maestros de la duda, puso al descubierto el mundo de nuestro inconsciente. La religión, en su época y en su entorno cultural europeo, respiraba un aire racionalista con matices apologéticos y dogmáticos. Los cuestionamientos que hizo Freud, basados en las aportaciones sobre el mundo inconsciente, se divulgaron y se introdujeron en los diversos conocimientos y saberes, entre los que la religión ocupó un lugar importante. Se puede comprobar en la abundante bibliografía que se ha ido publicando sobre Freud y la religión, así como en el interés por profundizar en el estudio psicológico del hecho religioso. Freud, en cuanto persona que procuraba pensar con libertad de espíritu, fue evolucionando. Habitualmente tan solo se conoce la crítica a la religión que hizo en sus publicaciones, especialmente en *Tótem y tabú* (1913), *El porvenir de una ilusión* (1927), *El malestar en la cultura* (1930), *Moisés y la religión monoteísta* (1938), entre otros, pero se desconoce el Freud que durante años mantuvo una frecuente relación epistolar con su amigo pastor protestante Oskar Pfister. Incluso existe una nota escrita por Freud, encontrada *post mortem* sobre su escritorio, sobre lo que para él es la mística.

Freud contribuyó muy positivamente a detectar algunas religiosidades neuróticas obsesivas y ciertas creencias religiosas pseudodelirantes, que había observado en sus pacientes. Pero sobre todo formuló el cariz psicopatológico que se oculta en una religiosidad punitiva y persecutoria tal como él, judío, había detectado, con los sentimientos de culpa no sana que podía generar. Se comprende, pues, que hubiera una resistencia por parte de ciertos ambientes religiosos a admitir el psicoanálisis que Freud había inaugurado. Así, en julio de 1961, la Congregación del Santo Oficio publicó un *Monitum* en el que prohibía a todo clérigo o religioso que practicara la función de psicoanalista y que, además, ningún sacerdote, religioso o religiosa acudiera al psicoanalista si no era con el permiso del Ordinario (obispo) y por causa grave.[1]

Por otro lado, durante los años siguientes, con el fervor que a menudo sigue a toda evolución innovadora, surgió en algunos núcleos de creyentes progresistas una tendencia «purificadora» de elementos religiosos sospechosos, hasta el punto de dejar casi desnudos los templos y también las conciencias. Fuera todo rito o práctica religiosa que pareciera infantil, mágica o angustiante. Una etapa centrada en mostrar la posibilidad de una fe adulta, purificada de toda religiosidad primitiva. El problema de esta corriente fue una cierta negación del proceso evolutivo psicológico, en vez de diferenciar aquello que es infantil y aquello que es adulto, reconduciéndolo hacia una liberación interior. Años más tarde se intentó una conciliación «homologadora» entre el proceso de maduración psicológica y el proceso evolutivo de la experiencia religiosa, entre el proceso de la fe y el proceso psicoanalítico. Conviene no ocultar que, en este elogioso intento de homologación, se podía incurrir en una igualación confusa de los procesos religiosos y psicológicos, lo cual inducía a un reduccionismo psicológico de la experiencia religiosa.

Más recientemente, algunos autores como Thierry de Saussure se preguntan si la confrontación entre psicoanálisis y teología no será superflua, ya que tanto en una como en otra se encuentra

---

1 Sagrada Congregación del Santo Oficio, «Monitum», *Acta Apostolicae Sedis*, Roma, 15 de julio de 1961, p. 571. https://www.vatican.va/archive/aas/documents/AAS-53-1961-ocr.pdf

una conexión entre el sujeto (Dios para la teología y la persona para el psicoanálisis) y lo que este sujeto expresa en palabras (la palabra de Dios para la teología y la expresión del inconsciente humano para el psicoanálisis). No obstante, ni la palabra de Dios ni el inconsciente humano pueden ser agotados por un discurso que pretenda expresar toda la verdad que emana del sujeto. Sería limitar y traicionar la verdad del sujeto: tanto las parábolas del Evangelio como los símbolos de comunicación del inconsciente son «verdades» comunicables en la medida en que el sujeto receptor de la palabra es capaz de recibirla.

Además, la «revolución» psicoanalítica ha tenido ramas vigorosas que también se han preocupado por la religión. Ya en sus inicios, la de Carl Gustav Jung. La formulación psicoanalítica de Jung ha sido vista con cierta simpatía por parte de colectivos religiosos y eclesiásticos al encontrar proximidad entre los arquetipos junguianos y las experiencias espirituales. Pienso que, a pesar del interés investigador de estas teorías, la proximidad de los inconscientes psicológicos y religiosos fácilmente nos pueden inducir a confusión, e incluso a manipulación entre lo que entendemos por el espíritu y la psicología profunda. Más tarde, con su escuela francesa, Jacques Lacan ha realizado valiosas aportaciones sobre las relaciones psicológicas con el Padre. Muchas otras corrientes de orientación psicoanalítica, especialmente en Norteamérica, se interesan y estudian el hecho religioso.

Junto a las corrientes psicoanalíticas encontramos la psiquiatría y la psicología clásica (aún en manos de la psicopatología fenomenológica alemana) que, aunque aportan contenidos básicos en la clínica psicológica y psicopatológica humana, han quedado circunscritas a unos límites que no ayudan a la investigación antropológica y al desarrollo de la psicología religiosa, ni de lejos como lo hace la psicoanalítica.

Por otro lado, la psicología conductual y cognitiva se ha interesado menos en el hecho religioso, ya que, de acuerdo con sus métodos de investigación, quedan más apartados de su alcance los niveles simbólicos de la religión.

La psiquiatría biológica y experimental, y sobre todo la actual neurociencia, como veremos más adelante, aportan investigaciones que ayudan a conocer los procesos bioquímicos y bioeléctricos cerebrales que se producen en toda actividad cerebral y, por lo tanto, en el hecho religioso, pero sin que sea posible ir más allá en la comprensión del qué y del porqué del hecho religioso.

Psicología, religión y espiritualidad

Algunos conceptos clave

En la bibliografía actual sobre psicología y religión, el término «espiritualidad» aparece cada vez más y observamos que se va utilizando más que la palabra «religión». Es un hecho constatado el creciente vínculo entre psicología y espiritualidad. La religión está en el punto de mira del interés de la antropología, la neurociencia y el psicoanálisis. La espiritualidad es vivida y expresada mediante nuestro mundo interno psicológico, consciente y no consciente en una gran parte. Y este mundo psicológico, en toda su profundidad, es estudiado por la psicología profunda, del inconsciente, psicoanalítica.

Para abordar estos vínculos y relaciones, incluimos un breve recordatorio terminológico a manera de glosario, con el objetivo de aclarar los significados que atribuimos a las palabras clave que utilizamos.

    a) Religión no es un término unívoco. Cuando en Occidente se habla de religión, tal referencia no se hace en el mismo sentido que en otras culturas como, por ejemplo, la india o la china. En nuestra cultura actual, parece que religión expresa una relación particular con aquello que es superior. Si entendemos el hecho religioso como una experiencia psicológica, encontramos algo común a todas las religiones: una experiencia que se refiere a algo superior a la persona y que es percibida por nuestra mente. La religión sería una relación concreta con lo trascendente, que depende de la historia que vive cada uno y que se manifiesta en diversas mediaciones, especialmente en plegarias, ritos y normas de conducta, formulaciones conceptuales, libros sagrados, etc. En las religiones monoteístas, la religión es concebida como una relación dual. En el budismo y otras espiritualidades, no se considera esta dualidad. No es este el lugar para abordar esta cuestión, que para nosotros es materia de interés y de estudio. Nos limitaremos a cuanto se refiere a las religiones monoteístas, por lo que hablaremos de la religión como «relación personal» con Dios.

b) Espiritualidad, en cambio, sería una vivencia que capta la realidad que se está viviendo. Una experiencia subjetiva referida a aquello invisible, inefable; la mirada a la «última realidad»; sentido de la vida e intimidad; comunes a toda raza y cultura. Espiritualidad procede de espíritu; el espíritu es inmaterial, pero está vivo en nuestra psicología, en nuestra mente, en nuestro cuerpo. La relación con el espíritu es vivida, pues, psicológicamente. Desde la psicología no podemos saber «qué» se produce en la experiencia espiritual, ni tampoco «por qué» se produce; tan solo podemos saber «cómo» se ha producido.

c) También deberíamos hacer referencia a la creencia, entendida como el hecho psicológico de aceptar algo sin tener un conocimiento intelectual completo que certifique como verdadera esa certidumbre. El acto de creer se da en toda actividad humana, desde las primitivas creencias del niño hasta las creencias del científico que intuye cambios de paradigmas, pasando por las creencias del místico al sentirse unido a una realidad inefable. A veces, las creencias llegan a desafiar la lógica y el sentido común y, a menudo, están arraigadas en convicciones muy profundas.

d) Hemos de referirnos a la fe. Entendida psicológicamente, es una vivencia humana, consciente o inconsciente, que quien la experimenta, al asumir lo que experimenta, le otorga una realidad y una profundidad que, sin poder concretarla del todo, es lo que ilumina su vida sin disolver completamente las dudas. La fe, desde el punto de vista psicológico, es confianza total, básica, en alguien que tiene un significado valioso, de amor. La fe, que para el cristiano es un don del Espíritu de Dios, puede producir una transformación en la persona. La fe, en cuanto «acto de creer», es una función psíquica independiente de aquello en lo que se cree. Tanto el proceso de creer como el contenido creído pueden ser conscientes o inconscientes.

e) Otro concepto clave es el de mundo interno, que se refiere a nuestra vida mental, a lo que vivimos interiormente y lo que somos, en relación con nosotros mismos y con todo lo que nos afecta. El mundo interno es la misma vida psíquica que, cuando estamos atentos, nos lleva al convencimiento de la realidad de un mundo psíquico inconsciente que se percibe dentro de nosotros mismos. Nuestro mundo interno es un escenario tan real como el mundo externo.

f) Lo trascendente se refiere a algo que es superior, al misterio de aquello que está oculto o que es la fuente o el secreto último; aquello que resulta inabarcable en sí mismo y que, al mismo tiempo, se encuentra en lo más profundo del ser. Este misterio es la realidad que determina el ámbito del religioso, de lo que denominamos «sagrado». Desde la psicología psicoanalítica, que en nuestra opinión es la que más se aproxima a una antropología que ofrece un marco continente de lo trascendente, intentamos comprender el «cómo» de esta experiencia como un movimiento de salida del propio yo y de búsqueda de aquello que es el otro.

Psicología y experiencia religiosa

Si, como afirman los antropólogos, la religión, en el sentido más amplio, está ya en los orígenes de los humanos y si no existe ninguna experiencia humana que no sea psicológica, debemos pensar que el desarrollo de la experiencia psicológica puede ofrecer un marco de comprensión de la experiencia religiosa. Esto es lo que haremos seguidamente, planteándonos cuestiones como: ¿qué pasa cuando se dice Dios o se piensa en Dios?

¿Qué ha pasado en nuestro cerebro, en nuestro psiquismo y en toda nuestra persona, cuerpo, mente y espíritu? ¿Cómo se configuran biológicamente y psíquicamente nuestros contenidos mentales, nuestra relación con Dios? ¿Qué ha captado o formado nuestra percepción de Dios? ¿Es la influencia del entorno externo o es el propio psiquismo cognitivo y emocional que estructura una imagen de Dios? ¿Acaso el cerebro, con las reacciones bioquímicas y bioeléctricas de las neuronas, produce una experiencia tal?

La religión vista por la neurociencia

Tan solo una pincelada, pero muy actual y de relevante interés. La neurología, hace ya siglos, relacionaba ciertos estados de alteración de la conciencia y de la actividad motora, o los ataques epilépticos, con la religiosidad. Los hipocráticos denominaban *morbus sacer* lo que hoy definimos con el término epilepsia. En el siglo pasado, se le atribuía a la epilepsia un carácter llamado «ictafí», con una afectividad empalagosa, reiteraciones de tipo obsesivo y tendencia a la religiosidad. Actualmente, la neuropsicología ha estudiado la psicopatología del lóbulo temporal, región del cerebro en la que se producen los fenómenos de la epilepsia. Hay unos episodios de hipersincronía en los procesos bioeléctricos de las neuronas, que generan fenómenos relacionados con experiencias alucinatorias de gran carga afectiva, los cuales no siempre tienen el carácter de crisis psicomotoras (convulsiones), pueden ser audiovisuales y también vehículo de expresión de experiencias religiosas, de fenómenos paramísticos.[2] En estas experiencias se pueden dar fenómenos visuales y auditivos de percepción sin objeto, como las «apariciones», y también estar acompañados de fenómenos de éxtasis. Son vivencias que, tanto en los místicos como en los artistas, no expresan una actividad patológica sino fisiológica o incluso superior. De alguna forma, sería la expresión de una manera más evolucionada de funcionamiento cerebral.

2 F.J. Álvarez, *Éxtasis sin fe*, Madrid, Trotta, 2000.

La neurociencia se ha interesado en profundizar en el conocimiento de las estructuras neurológicas del cerebro, base biológica de fenómenos religiosos como las experiencias sublimes e iluminativas, así como de los estados de conciencia inefables de las experiencias místicas.[3] Pues bien, el llamado sistema límbico es el responsable de estas emociones, afectos y experiencias. En él radican experiencias del mundo inconsciente. Está formado por diferentes estructuras que se sitúan en las profundidades del lóbulo temporal.

Según Arthur Deikman,[4] los fenómenos místicos serían el resultado de un proceso de «desautomatización», totalmente inconsciente. Consiste en que se suprimen de forma temporal las funciones analíticas, esto es, las que interpretan y seleccionan los estímulos procedentes del exterior. Entonces, el estilo de percepción intelectual activo es reemplazado por un modo perceptual pasivo, que corresponde a un pensamiento más primario que en lugar de suponer una regresión a la infancia, es un progreso con el que se gana en intensidad y riqueza sensorial, al haber suprimido la categorización abstracta y la diferenciación, pues no se usan las estructuras cognitivas y perceptuales automáticas. Así, se da paso a un tipo de conciencia holística, característica de los estados místicos. Esta supresión temporal de las funciones analíticas debida a la desautomatización puede desplazar el sentido de realidad a vivencias del mundo interior del individuo (visiones, audiciones, sensaciones). Es una manera insólita de percibir no ya realidades de otro mundo, sino aspectos de la propia realidad interior que por lo general están filtrados.

Además, algunos fenómenos religiosos, como los estados de éxtasis y meditación profunda, pueden acompañarse de manifestaciones psicosomáticas del sistema nervioso vegetativo. Puede haber cambios significativos en el metabolismo, en la temperatura corporal, la respiración, la presión arterial, la frecuencia

---

3   F.J. Rubia, *La conexión divina. La experiencia mística y la neurobiología*, Barcelona, Crítica, 2004; F. Mora, *El reloj de la sabiduría. Tiempos y espacios en el cerebro humano*, Madrid, Alianza, 2002.

4   F.J. Rubia, *La conexión divina, op. cit.*, pp. 168-169.

cardíaca o la sudoración, además de fenómenos como los estigmas corporales que se producen en sujetos con fragilidad neurovegetativa y sin que haya una voluntariedad consciente.

De la neurociencia a la psicología analítica

Hemos visto que la experiencia religiosa hoy es analizada, en su vertiente neurobiológica, desde la neurociencia. Ahora veremos cómo la psicología estudia la religión en sus aspectos psicológicos conscientes e inconscientes. Seguiremos el modelo de la psicología dinámica psicoanalítica, pues, en nuestra opinión, es la que aporta un modelo antropológico idóneo para comprender las relaciones personales simbólicas que nos permiten entrar en conocimiento de las experiencias religiosas.

Eric Kandel, investigador y premio Nobel, opina que los hallazgos que se van sucediendo en la investigación neuropsicológica están sustentados en la confirmación de las hipótesis y modelos psicoanalíticos, de tal forma que sería lamentable perder el tiempo si no se trabaja en conjunto con las investigaciones neuropsicológicas.[5]

La psicología psicoanalítica sostiene que en la configuración de la experiencia religiosa participan diversas instancias conscientes e inconscientes. No solo intervienen los hechos externos e históricos de la realidad cultural, sino también el mundo interno y la estructura psicológica del individuo, configurada por los propios deseos, temores, iniciativas y resistencias que llevan a que cada persona tenga una experiencia religiosa diferenciada y configurada por sus factores personales. Esta estructura psicológica personal, cambiante, forma parte, como acabamos de decir, de nuestras estructuras cerebrales, en las que se desarrollan los procesos bioquímicos y bioeléctricos concomitantes a la actividad mental.

5   E.R. Kandel, «Biology and the Future of Psychoanalysis: a New Intellectual Framework of Psychiatry Revisited», *American Journal of Psychiatry* 156 (1999), pp. 505-524.

La experiencia religiosa vista por la psicología analítica

Hemos dicho que en la vida y en la experiencia religiosa de cada uno intervienen no solo la cultura y la historia, sino también toda la estructura psicológica personal, configurada por nuestros deseos inconscientes: temores, iniciativas, resistencias desconocidas, etc. El psicólogo intenta comprender el hecho religioso desde su génesis, como buscando la «arqueología» del hecho religioso que se ve iluminada por la psicología del inconsciente.

Estudiaremos en este apartado la experiencia religiosa desde el punto de vista de la psicología analítica, que considera a la persona humana, toda ella, también cuando manifiesta su experiencia religiosa. Experiencia que es un proceso evolutivo cuyo origen está ya en los inicios de la vida infantil y que se va configurando no solo a partir de la dotación genética, sino también mediante relaciones internas y externas muy diversas: personales, familiares, culturales, del entorno, etc.

La evolución de la experiencia religiosa sigue un proceso en el cual se suceden situaciones dolorosas (pérdidas, renuncias…) y situaciones satisfactorias (creativas, de elaboración…). Cruzando por estas situaciones diversas, en un proceso simbólico de elaboración, es como se pueden llegar a alcanzar experiencias religiosas de cierta consistencia. Así, consideramos la experiencia religiosa como un proceso de crecimiento continuo, el cual es concomitante con el proceso de desarrollo madurativo humano, que también es un *continuum*.

Antes de continuar, hagamos dos observaciones. En primer lugar, hay que afirmar que nuestra aproximación a la experiencia religiosa no es reduccionista. Nosotros pretendemos saber «cómo» se produce la experiencia religiosa. El «por qué» se produce y el «qué» se produce es algo de un orden que no está al alcance de las ciencias humanas. En segundo lugar, necesitamos un modelo teórico para expresar lo que la realidad antropológica nos muestra cuando hablamos de algo trascendente. Nosotros hemos adoptado el modelo de «las relaciones personales objetales», considerando la palabra «objeto» no en sentido cosificante, sino en relación con el sujeto.

Algunos conceptos previos de nuestra realidad psíquica

— El yo: es un sistema mental que procura la integración de la mente, la integración psicosomática y la integración psicosocial. Es el moderador del conjunto de los procesos psíquicos; el encargado de la relación con los propios impulsos y pulsiones, con las emociones —incluso las más profundas— y con el entorno (juicio de la realidad, organización de la conducta, interiorización de los conflictos, establecimiento de mecanismos de defensa). Todo esto el yo lo va alcanzando por la asimilación de las capacidades y características que le han ofrecido los primeros objetos de relación u «objetos primordiales». Según Melanie Klein, el yo existe ya al nacer, tiene unos límites y se va identificando con objetos. Tiene funciones muy primarias como, por ejemplo, distinguir sensaciones buenas y malas.

— El *self* o sí mismo: es la percepción de la identidad que el yo ofrece junto a la experiencia del sujeto y las fantasías sobre sí mismo. Mientras que el yo sería la parte de la estructura de la psique descrita objetivamente, el *self* representaría al sujeto con sus fantasías consideradas desde un punto de vista subjetivo.

— El superyó: es la imagen de la internalización de las figuras paternas en cuanto representación de normas sociales, evaluación de uno mismo, autoestima o inferioridad, etc.

— El ello: son los aspectos pulsionales (instintivos) que, según Freud, hacen que el yo y el superyó se desarrollen.

— Las fantasías inconscientes: son los contenidos primarios de los procesos mentales, la expresión mental de las pulsiones (instintos). Todo impulso es vivido como fantasías inconscientes, siempre presentes y activas en todo individuo. Su presencia no es indicador de enfermedad ni de falta de sentido de realidad. Lo que determinará el estado psíquico es la naturaleza de dichas fantasías y su relación con la realidad externa. La fantasía es, pues, la actividad inconsciente que acompaña a toda actividad mental. Es la expresión psíquica de los impulsos instintivos (los instintos son buscadores de objetos) y también de los mecanismos de defensa dirigidos contra esos mismos impulsos. Crear fantasía es una función del yo que, ya desde el nacimiento, establece relaciones entre los objetos, tanto en la fantasía como en la realidad. La fantasía no es una fuga de la realidad, sino una constante concomitante e inevitable de las experiencias reales.

— Los objetos simbólicos: son objetos mentales internos no físicos. Aparecen cuando se abandonan las formas innatas de representación de las fantasías inconscientes y se revisten con nuevos significados que constituyen los objetos que denominamos símbolos.

Psicología de las relaciones personales: los objetos mentales

Toda experiencia humana, también la religiosa, es relacional. Veamos cómo entendemos, desde la psicología analítica, estas relaciones que denominamos también «relaciones objetales». Nos interesan para la comprensión de la espiritualidad. Utilizamos la expresión «objeto interno mental» para designar la relación que se establece desde uno mismo y que se dirige hacia el objetivo de una relación. Esta relación está promovida por las pulsiones. El objeto es, pues, el destino de las pulsiones. Son fuerzas que nos mueven desde dentro y nos impulsan a hacer o a no hacer, a sentir, a pensar, a recordar determinadas cosas y no otras. Freud las llamó *Triebe* (del verbo alemán *trieben*: «empujar») y que, de una manera inexacta, se ha traducido también por «instinto».

Así pues, objetos mentales pueden ser toda persona o cosa, todo ente animado, inanimado o abstracto, o toda parte de ellos mismos («objetos parciales») hacia los cuales se dirigen nuestras pulsiones o motivaciones fundamentales, los deseos, el amor y el odio, etc. En este sentido, el objeto es portador de todo un universo de significados. Fuera del ámbito de la psicología analítica, estas relaciones de objeto se pueden llamar «relaciones personales» o «relaciones humanas».

2. Psicología y espiritualidad, mística y salud mental

Conviene diferenciar entre objetos externos y objetos internos. Los objetos externos son las percepciones que tenemos de lo que se interioriza en la mente y que pueden provenir de diversas fuentes: palabras escuchadas, paisajes mirados, personas con las que entramos en relación, etc. Percibidos tal como entran en relación con nosotros, son de interés para explicar, en parte, nuestras representaciones mentales y las conductas, pero su acción está siempre mediatizada por el procesamiento interno.

Por otra parte, objetos internos son el sedimento de vivencias y representaciones mentales que se producen en el conjunto de relaciones con un objeto externo: ansiedades, sentimientos, ideas, recuerdos; por lo tanto, están formados por experiencias internas: pulsiones o deseos, impulsos conscientes o inconscientes. En cierta forma, son como espejos de la realidad externa, aunque expresan, al mismo tiempo, la experiencia propia tenida al asimilar los objetos externos.

Los objetos internos coinciden solo en parte con los externos. El objeto interno se forma a partir de la incorporación de los objetos externos que han sido interiorizados y metabolizados, así como de la persona que lo posee. El objeto interno tiene su propio dinamismo: siempre es activo y dinámico, aunque de manera inconsciente. La persona misma es capaz de generar, a partir de una parte del propio yo, objetos internos. Esto quiere decir que la capacidad creativa del yo de formar objetos internos es en parte fruto de la propia producción (pulsión, deseo) y en parte de la incorporación del mundo externo.

El objeto interno mental Dios

Desde la psicología analítica consideramos aquello que se llama «Dios» como un objeto mental. Hay objetos externos que nos hablan de Dios: palabras, tradición, educación, etc. Por otro lado, en el propio yo (o en el *self*, en el sí mismo) se produce una escisión que se convierte en un objeto interno mental. Uno de estos objetos mentales puede ser Dios. Este objeto interno mental Dios es, en parte, fruto de la proyección del propio yo, la cual se incorpora a un objeto externo (palabras, tradición, educación) y se convierte en un objeto interno propio, el objeto interno mental Dios. ¿Qué supone esto? Que la configuración del objeto interno mental Dios nace en parte del propio yo y en parte de la incorporación de la relación con el mundo externo (objetos externos) que hablan de Dios. De hecho, el objeto interior mental Dios es aquello que vivimos cuando decimos Dios y que se ha forjado con aportaciones del mundo externo (objetos externos) y del mundo interno (otros objetos internos), todo ello integrado en el propio yo.

En este punto se nos puede presentar esta cuestión: ¿no se está haciendo un reduccionismo psicológico con esto que acabamos de decir, como si toda experiencia religiosa dependiera del dinamismo de nuestro psiquismo? Conviene aclarar que estamos hablando desde el punto de vista psicológico, que no excluye ni tampoco muestra la realidad de otra realidad que está más allá del mundo físico. Lo que aquí se intenta mostrar es que la experiencia de Dios, como la de toda experiencia humana, está vehiculizada por la persona humana que es mente y cuerpo. La persona puede ser o no receptiva ante realidades externas que, junto con las internas, configuren una experiencia religiosa. Nosotros analizamos cómo se produce esta experiencia, pero no qué la produce ni quién o por qué se produce.

Evolución psicológica hacia la madurez

Desde su mismo origen, el ser humano establece relaciones internas y externas a sí mismo. Ya en la vida fetal, antes de salir de la matriz, el niño es tributario de experiencias relacionales prenatales. Tanto da donde se quiera situar el origen del ser humano, su desarrollo biopsicológico se inicia en la medida en que es capaz de establecer relaciones con cierta autonomía, aunque relativa. El niño es capaz de inaugurar una cadena ininterrumpida de experiencias que lo llevarán a abrirse paulatinamente a niveles cada vez más evolucionados, con la posibilidad de ir deviniendo consciente y de progresar desde las primitivas experiencias sensoriales, emocionales y cognitivas, hasta la conquista de procesos más complejos en los que se integran las percepciones y la formación de conceptos. Esta concepción de la realidad psíquica desde el inicio de la vida fue estudiada por Klein mediante la observación del juego de los niños a los que pretendía ayudar.[6] Después ha sido ampliamente desarrollada y completada.[7]

El conjunto del proceso evolutivo, desde los primeros momentos del nacimiento hasta empezar a establecer relaciones personales adecuadas con la realidad exterior, tanto emocional como cognitivamente, ocupa un período de unos once meses.

En el momento dramático del nacimiento, cuando el «caos» de información que llega a su corteza cerebral todavía no se ha organizado suficientemente, el niño realiza tentativas impulsado por sus necesidades más básicas: respirar, alimentarse con alimento biológico y alimento afectivo, contactar sensorialmente, etc. Las primeras relaciones son confusas, no diferenciadas: no percibe, todavía, quién es él y quién es el otro; le falta aún la propia identidad.[8] Su «conciencia cósmica», oceánica, permanece abierta a los terribles miedos originales, como el miedo a ser devorado. Ante estas ansiedades se organizan defensas protectoras.

Es una primera fase en la que el niño lucha por sobrevivir y se defiende escindiendo su realidad en objetos buenos y malos, estableciendo unas relaciones personales parciales y defectuosas, hasta que llega a la fase en la que puede superar el displacer que le supone aceptar la realidad completa, al mismo tiempo gratificante y frustrante, gracias a que realiza el duelo de aquello que no puede tener o que ha perdido. Antes de esto, será necesario diferenciarse de manera progresiva de la madre con la que inicialmente forma una «identidad fusional» que lo hace sentirse omnipotente, como siente que lo es la madre. Al diferenciarse, perderá la omnipotencia y reconocerá que la madre es una persona diferente de él. Este proceso de diferenciación es difícil y

---

6   M. Klein, *Principios psicológicos del análisis infantil*, obras completas vol. II, Buenos Aires, Paidós, 1975.

7   W.R. Bion, *Volviendo a pensar*, Buenos Aires, Hormé, 1985.

8   H. Segal, *Introducción a la obra de Melanie Klein*, Buenos Aires, Paidós, 1975.

penoso, porque significa empezar a reconocer los límites y que la madre no lo puede todo.[9]

En esta situación ya puede dar el paso de evolucionar desde las relaciones de objeto parcial hacia las relaciones de objeto total. El contacto con la madre, el alimento que le ofrece, la seguridad de sentirse dependiente de alguien, la calidez física y afectiva, poco a poco lo tranquilizan y lo estimulan a buscar, sin descanso, la relación favorable y capaz de apaciguar sus temores en un mundo que va percibiendo, también poco a poco, como algo exterior a él y diferenciado, como un «objeto» de relación: relación con las «personas buenas» (la madre en primer lugar, a pesar de que cuando la madre buena lo frustra la siente como una madre mala). Por ejemplo, una sonrisa de la madre cuando él renuncia al placer de obtener enseguida el alimento que exigía llorando, le permite crecer en su capacidad emocional y cognitiva, así como establecer relaciones de creatividad mental y relacional. Es lo que se denomina la «función psicológica de la simbolización». La elaboración del duelo pasa por aceptar y renunciar a objetos que le producían placer en favor de objetos nuevos que tienen un valor superior simbólico gratificante.

Es mediante estas relaciones personales —relaciones de objeto— que el niño se va haciendo cargo de su mundo y del de los otros; esta relación lo va configurando. Hasta llegar al momento en que, adquirida una mayor autonomía biopsicológica, establecerá relaciones que le permitan comprender mejor la realidad tal como es: ni totalmente buena ni totalmente mala, sino ambas a la vez, tal como se da en la realidad (el objeto total), en vez de los objetos parciales tempranos.

El niño llega a esta maduración habiendo pasado primero por el «proceso primario», que es el modo de funcionamiento mental que no admite dilación ni espera para satisfacer sus deseos u objetivos de «todo o nada». En él predomina el «principio del placer», de buscar únicamente el placer, lo que gusta, y huir del displacer.

9   Es necesario remarcar la importancia de este proceso de diferenciación y de aceptación de límites para el niño, pues, si no lo realiza correctamente, puede dar lugar a una organización de la personalidad de tipo narcisista.

Después llega el «proceso secundario», en el cual el individuo admite la adecuación a la realidad, regido por el «principio de realidad», que corrige y modifica el principio del placer en la medida en que busca el placer y también el displacer con el objetivo de establecer relación con la realidad del mundo externo.

Este proceso va colocando al niño en una nueva situación. Aprende a aceptar la relación con alguien de manera real; es decir, aprende a relacionarse con una serie vital de frustraciones y satisfacciones, aprende que cuando la respuesta del otro no es la que él esperaba, no por ello el otro quiere hacerle daño, sino que continúa siendo bueno. Aprende a transitar de unas relaciones puramente egocéntricas a otras en las que tiene cabida la estimación amorosa respecto al otro. El niño ha podido integrar en el otro aspectos satisfactorios y aspectos frustrantes en una misma totalidad buena. Todo este proceso se va repitiendo durante la vida, construyendo la estructura mental que da como resultado el estilo de la personalidad de cada individuo.

Así pues, ya se pueden observar las primeras similitudes que esta evolución psicológica madurativa tiene con el proceso evolutivo religioso.

La llamada «función de simbolización»

Hemos apuntado antes que la simbolización es el proceso en el cual el sujeto, al renunciar a pulsiones instintivas de placer, adquiere una nueva realidad: el objeto simbólico. Los símbolos aparecen en la denominada «posición depresiva» y exigen una inhibición de pulsiones instintivas dirigidas hacia el objeto. Freud habló de «sublimación», noción que no acabó de desarrollar por completo. La simbolización proporciona la capacidad creativa de conseguir y trascender los objetos originales. El símbolo no es el equivalente del objeto original perdido. Es un objeto nuevo. Pero lo representa sin perder las características de aquel.

La génesis de la formación de los símbolos radica en el hecho de que el niño reconoce, en parte, sus pulsiones instintivas y las desplaza hacia un objeto del cual espera una satisfacción mayor.

La formación de símbolos está estrechamente vinculada con la capacidad de tolerar las ansiedades. La renuncia exitosa de los objetivos instintivos solo se produce mediante un proceso de duelo, de pérdida y de recuperación interna de aquello a lo que se ha renunciado. Una vez recuperado y transformado, lo que se ha perdido se convierte en símbolo dentro del yo. Ha habido un trabajo creativo en la recuperación. El símbolo interno creado por el yo se distingue de la realidad externa.

La noción de símbolo psicológico y su realidad proporcionan una base para comprender cómo se puede producir la experiencia de trascendencia, la experiencia de inmanencia-trascendencia: se parte de una realidad (inmanente) y se busca ir hacia otra realidad (es decir, de trascender la primera). El símbolo, pues, se convierte en una realidad psicológica inmanente-trascendente.

Aportaciones psicoanalíticas a la comprensión de la experiencia religiosa

Algunos investigadores en el campo del psicoanálisis han aportado valiosas contribuciones al estudio del hecho religioso. Por ejemplo, Donald Winnicott propone un modelo observacional a partir del bebé cuando se separa de la dependencia materna y se hace autónomo mediante un objeto interno simbólico, que él llama «objeto transicional», la base de los procesos de simbolización religiosa, artística y científica.[10] En este proceso se realiza una transición a partir del objeto simbólico interno creado por la fantasía del bebé (que lo tiene a su alcance tal como él quiere) hacia la realidad externa, la cual ya no puede manipular, sino que se le impone. Esto ocurre en un espacio virtual denominado «espacio potencial». Esta transición de lo subjetivo interno a lo objetivo externo se realiza gracias al objeto transicional, como lo es, por ejemplo, en el caso del bebé, su osito de peluche.

10   D.W. Winnicott, «Transitional Objects and Transitional Phenomena», en *Playing and Reality*, Nueva York, Basic Books, 1971 [trad. cast.: *Realidad y juego*, Barcelona, Gedisa, 2002].

Winnicott afirma que los objetos y los fenómenos transicionales tienen lugar en un «espacio potencial», que es el espacio que capacita para formar internamente y expresar externamente el símbolo. Esto sucede del cuarto al duodécimo mes de edad. El peluche, que es el objeto transicional, no es tan solo un objeto interno, es decir, la creatividad primaria de la fantasía, el autocontrol mágico separado del mundo externo, ni tampoco es tan solo la percepción de la realidad externa fuera de su propio control, como lo es su madre. El objeto transicional, el peluche en este caso, es algo que el niño puede dirigir, poseer y recrear, pero al mismo tiempo tiene los límites que le impone la realidad externa. En palabras de Winnicott:

> Esta área de experiencia intermedia (espacio potencial) que no puede ser tomada como perteneciente a la realidad interna o externa (compartida) constituye la parte más importante de la experiencia del niño y es retenida durante toda la vida en la interna experiencia de las artes y la religión, en la vida imaginativa y en el trabajo científico creativo.[11]

Esther Bick realiza unas sugerentes observaciones sobre el proceso de diferenciación inicial del bebé que nos aportan un conocimiento de las dificultades que encontramos en algunas personas para llegar a la confianza en la relación con el mundo externo, a trascender. Esto las hace vulnerables y les dificulta la confianza para una trascendencia verdadera. Según Bick, en el proceso de diferenciación inicial se produce en el niño una función que viene a ser como la de una «piel psicológica», análoga a la función de la piel biológica, que le permite establecer una identidad que lo diferencia de la alteridad del mundo externo al mismo tiempo que lo protege de ser invadido masivamente. Si no existiera esta «piel» se encontraría empobrecido y quedaría sin autonomía, dependiendo del mundo externo. Una situación que se presenta en la llamada «organización narcisista».

11 *Ibid.*, p. 32.

Wilfred Bion, genial psicoanalista inglés, aporta unas consideraciones metapsicológicas, extraídas de su experiencia clínica psicoanalítica, que nos iluminan y corroboran nuestra concepción antropológica. Siguiendo el modelo de las relaciones personales o relaciones de objeto, expone una metapsicología que abarca la comprensión de las experiencias humanas que se producen en la búsqueda de la trascendencia. De entre las muchas y originales ideas que ha aportado, recogeremos algunas que se refieren a la trascendencia.[12]

Para Bion, el punto de partida de la realidad psíquica es lo que él denomina «punto O», que es un hecho «original»: es la cosa en sí misma, lo desconocido, la verdad absoluta, la realidad última incognoscible. Esta realidad se manifiesta a través de las transformaciones que realiza la persona a lo largo de la vida y que la afectan no solo en el conocer sino también en el ser. Al mismo tiempo, los primeros elementos de la vida mental son inconscientes y alucinatorios, y están vinculados a la «sensación de catástrofe». La sensación flotante de catástrofe constituye la condición fundamental de nuestra existencia y posee contenidos específicos, como el temor al nacimiento, a la muerte, al cambio, a lo ilimitado, a la propia ipseidad, etc. A su vez, esta sensación de catástrofe es alimentada por la diferenciación entre uno mismo y la nada, que es una distancia infinita y que todo el mundo posee a pesar de que algunos no la experimenten. Y la pregunta es si esta distancia es la causa de la sensación de catástrofe.

La función de la vida psíquica consiste en transformar las sensaciones catastróficas en sucesos psíquicamente aceptables. Los mitos de creación y destrucción que expresan esta transformación son ejemplos de dicha transformación. Se pasa del inconsciente al pensamiento consciente por medio de los mitos, como también a través del trabajo onírico y de la reflexión sobre los símbolos. La sensación de catástrofe es un principio constitutivo primordial, como lo es el agua o la atmósfera, y sirve de vínculo entre diversos aspectos de la personalidad.

---

12   M. Eigen, «Towards Bion's Starting Point: Between Catastrophe and Faith», *Internacional Journal of Psychoanal* 66, 321 (1985), p. 321.

¿Cómo se reacciona ante la catástrofe? La verdadera respuesta, primordial y desarrollada, a la catástrofe es la fe. Pero una fe no en sentido religioso estricto, a pesar de que no la excluye, sino en el sentido de confianza básica. La inconsciencia de la fe sale al encuentro de la inconsciencia de la catástrofe.

La fe es una receptividad pura, una espera atenta. Es incómoda esta postura: tolera las fragmentaciones, el vacío caótico, las tempestades psíquicas… En la fe se da una «suspensión» de la mente. Es preciso que haya una atención libre y flotante, una cierta inconsciencia, un vaciamiento de uno mismo con el objetivo de llegar a conseguir la receptividad de la fe.

El punto O, la realidad emocional esencial, como tal, es incognoscible, lo que no impide a la fe encontrarla. La fe de búsqueda es lo que lleva a la situación mística, no solo religiosa. Entonces, la transformación que se produce se da en el plano del «ser» y no solo en el del conocer. La fe en el punto O nos conduce al fundamento de nuestro ser, que es donde se origina la catástrofe primera, la del nacimiento psíquico.

Hay una interacción continua durante toda la vida entre catástrofe y fe. Se puede interferir este ritmo de interacción entre fe y catástrofe por falta de paciencia o de tolerancia por vivir en la posición de catástrofe o por intentar aferrarse a la posición de búsqueda de la fe más tiempo del conveniente. En cambio, si se persiste y se mantiene en este período de «gestación», tal vez se llegue a ella. Es aquí donde Bion ve un paralelismo entre este proceso con la «noche oscura del espíritu» de los místicos.

¿Cuál es el futuro de estas experiencias iniciales en la vida adulta? La catástrofe toma sentido subjetivo a partir de encontrar el bienestar en aquello en lo que se confiaba. El bebé muere y renace después de cada episodio de frustración y de reencuentro. Esta resurrección reiterada aumenta la fe. Pero con el transcurrir del tiempo se puede perder sensibilidad para la catástrofe; entonces es la fe la que puede rescatar la catástrofe. Si la fe no lo hace, se tiende a debilitar la conciencia de catástrofe, lo que supone perder sensibilidad hacia nosotros mismos. Esto es lo que ocurre cuando nos orientamos hacia objetos externos y hacia tareas de supervivencia, cuando estamos más pendientes de las catástrofes externas para así eludir las internas. La fe, o confianza básica, es una tendencia madurativa original. Es una entidad que aparece, como también la catástrofe, cuando se nos ha despojado de todo. Es la capacidad liberadora por excelencia. Es nuestra herencia y nuestro destino más profundo. La fe es la no mentira; la fe tira por los suelos la mentira.

Finalicemos este apartado con un breve resumen de los puntos más importantes de la aportación de Bion:

— Se parte de un punto original, punto O, que es la experiencia inicial del ser humano; una experiencia caótica que precisa de una elaboración continua en la cual habrá momentos de confusión y momentos de reencuentro.
— Este proceso experiencial se produce cuando la persona tiene fe, no explícitamente fe religiosa, sino confianza básica.
— Si la persona acepta el riesgo de la fe y no se encierra en seguridades defensivas, que pueden devenir psicológicamente negativas, está en camino de la experiencia mística. No hace referencia a la mística religiosa cristiana, a pesar de que no la excluye.

Evolución psicológica y evolución religiosa/espiritual

En la infancia se inicia el proceso religioso con la búsqueda de las primeras relaciones con la realidad externa. Ya hemos visto que el niño nace incompleto y necesitado de ayuda corporal y afectiva. Gracias a sus pulsiones instintivas, que se van transformando en el componente psicológico que llamamos deseos, es capaz de manifestar su precariedad y la necesidad de obtener la satisfacción indispensable del otro.

La relación con el que llamamos «objeto primordial» lo pone en situación de satisfacer sus necesidades más inmediatas y también, poco a poco, a tener nuevas relaciones que le permiten ser capaz de hacer renuncias amorosas en favor del objeto amado (madre, padre, etc.) como resultado de haber podido confiar en el otro. Es así como puede ir respondiendo a los demás con más generosidad en un proceso de intercambios satisfactorios: frustración-satisfacción. También así se va interiorizando algo del objeto interno mental Dios, que ya no es una idealización, ni un sentimiento de persecución implacable, sino una relación personal ambivalente en la que Dios puede ser, al mismo tiempo, gratificante y frustrante; ya no es ese juez perseguidor implacable y punitivo, sino también una fuente de amor y de bondad.

La relación con el otro, inicio de la búsqueda religiosa infantil, que conduce a la capacidad de trascender, se origina en las primitivas percepciones de los llamados «objetos parentales» (el padre y la madre). Si el niño ha podido tener una buena experiencia de las primeras relaciones padre-madre y de personas y situaciones análogas, se va configurando en su mente lo que le permite vivir una experiencia psicológica sana, de aquello que supone confiarse al otro, de aquello que es «creer» y de aquello que es Dios. Pero puede ocurrir también que las primeras relaciones infantiles se establezcan con dificultades y el proceso de simbolización quede detenido, carenciado o distorsionado. Es decir, no se pasa de la relación parcial de objeto a la relación total. Entonces, la relación con la imagen de Dios queda detenida o deformada —un Dios idealizado o persecutorio— cosa que, desgraciadamente, abunda.

Algunos trabajos experimentales han puesto de manifiesto que el desarrollo ulterior de la experiencia religiosa está influenciado por la génesis de las figuras parentales cuando son vividas de forma dificultosa, cuando estas han dimitido de su rol o cuando han fallado, como es el caso de la muerte prematura de los progenitores.[13] Así pues, la experiencia religiosa o la relación con Dios, vivida mediante el objeto interno mental Dios, se puede establecer en positivo o en negativo: dependerá del proceso evolutivo de crecimiento personal, que es lo que va configurando

---

13 A.M. Rizzuto, *Birth of the Living God. A Psychoanalytic Study*, Chicago, The University of Chicago Press, 1979 [trad. cast.: *El nacimiento del Dios vivo. Un estudio psicoanalítico*, Madrid, Trotta, 2006].

esta experiencia psicológica vivida con el objeto interno mental Dios.

Si, como hemos visto, ya en los primeros meses y años de vida el niño puede ir desarrollando procesualmente su psicoafectividad y su capacidad creativa de trascender la experiencia sensorial mediante la función simbolizadora, con el paso del tiempo esta continúa y se hace más compleja a medida que sus capacidades intelectuales aumentan y que las influencias socioculturales ayudan a estructurar su sistema ideológico y de creencias. Esta función simbolizadora es básica, psicológicamente, para tener la experiencia de la trascendencia, pues el símbolo es el vehículo a la trascendencia, el medio para acceder a aquello que no podemos expresar; una realidad conocida por nosotros que nos lleva a entrar en contacto con otra realidad que no es el símbolo, pero con la que está relacionada. Toda realidad no se agota en sí misma. El símbolo tiene un significado que trasciende el significante; va más allá.

Podríamos señalar, a modo de síntesis, estas etapas de la maduración religiosa-espiritual y psicológica que, recordamos, están siempre en correlación.

En una primera etapa, que podríamos llamar «purgativa», lo que se vive psicológica y espiritualmente son los miedos ante un caos *confusivo* y, en respuesta, una reacción defensiva que busca separar el peligro amenazador y hostil, dejando de lado o negando esa parte de la realidad que resulta intolerable. Psicológicamente se vive una ansiedad y un miedo frente la ambigüedad de lo que es real: todo debe ser claramente bueno o claramente malo. Así, el objeto interno mental Dios puede ser vivido también como malo, como perseguidor, como punitivo, como origen de ansiedades y culpabilidades. Espiritualmente hay un intento por liberarse de deseos malos o perversos que tienen sometidos a los pensamientos y que tienden hacia conductas egoístas. Estos, aun siendo placenteros, también son vividos como tentaciones que alejan del amor hacia Dios y hacia los otros. Puesto que estas tendencias son difíciles de superar, generan un temor de Dios, que es percibido como juez exigente y punitivo, que requiere la expiación de las culpas. Es, pues, un momento de dificultad para poder progresar en el amor a Dios y al prójimo.

En una segunda etapa, que podríamos llamar «iluminativa», se empieza a producir un tránsito hacia una relación personal en la que el otro es percibido más integralmente, con su parte más buena y su parte más frustrante. También se producen avances que posibilitan buscar no solo un bienestar egocéntrico, sino también el bienestar del otro. Psicológicamente decimos que se logra una relación con el objeto «total» y que se van descubriendo los propios mecanismos de defensa (que proporcionan tan solo una seguridad engañosa), los mecanismos encubridores de conflictos (que anestesian las ansiedades en vez de aceptarlas o elaborarlas). Progresivamente hay un crecimiento en la capacidad de elaborar los duelos, los conflictos, las frustraciones y las pérdidas, también de desarrollar las capacidades creativas y de pasar del egocentrismo biológico a la relación de amor con el prójimo. Espiritualmente cada vez se es más consciente del egoísmo pecaminoso que aleja del amor hacia los otros y se avanza en el descubrimiento de sus engaños, apariencias y falsas motivaciones. El deseo básico es entrar en el conocimiento de la realidad amorosa de Dios y del prójimo; así se va avanzando en las actitudes que disponen a discernir lo que es bueno y lo que es malo.

En una tercera etapa, que podríamos llamar «unitiva», psicológicamente entramos en una dimensión que, aunque tiene una base biopsicológica en la mente y en el cerebro, escapa a la comprensión del lenguaje; entramos en una realidad que no se puede expresar con nuestras dimensiones espaciotemporales, ya que son trascendidas. Se da la capacidad de intuir una realidad que, no siendo de orden material, se vive como aquello que no solo «existe» sino que «es». Espiritualmente, en esta fase, la relación de amor se ha desarrollado hasta llegar a la fusión —que no *confusión*— con lo amado, en una unión de amor unitivo, de entrega total, de identificación con el objeto amado. Es la experiencia del Misterio, de la Unidad no dual.

Como se puede ver, este camino va del placer primitivo a los afectos psíquicos y a los deseos de la corporalidad, pasando por el gusto de amar y ser amado, por el gusto de la alteridad del amor hasta la plenitud del sentirse en unidad con el objeto amado, con la Vida, con el Todo.

3. Psicología y experiencia mística

Hemos subrayado en el capítulo anterior que toda experiencia religiosa tiene un proceso psicológico concomitante. También la experiencia mística tiene procesos psicológicos que pueden ser expresión de maduración psicológica y crecimiento personal. Para analizarlo, empezaremos haciendo un repaso de cómo los psicólogos han visto la experiencia mística.

La experiencia mística vista desde la psicología

Breve recorrido histórico

En tiempos pasados, no muy lejanos, hubo algunos autores interesados por el esclarecimiento psicológico y psicopatológico de la experiencia mística. Veamos a los pioneros. Ya a finales del siglo XIX Pierre Janet, un clásico de la psiquiatría francesa, había dedicado atención al fenómeno místico. William James, en su notable obra *Las variedades de la experiencia religiosa*, hace referencia a la experiencia mística en una visión amplia que abarca, entre otros, el budismo, el sufismo y el cristianismo.[1] Por su parte Karl Jaspers, en su *Psicopatología general* trata algunas cuestiones religiosas con la profundidad del filósofo y los conocimientos del psicopatólogo.[2]

---

1 W. James, *Las variedades de la experiencia religiosa. Estudio de la naturaleza humana*, Barcelona, Península, 1999.
2 K. Jaspers, *Psicopatología general*, México, FCE, 2006.

Sigmund Freud, además de su vasta producción en la que estudia y critica aspectos de la religión, como ya hemos indicado, escribió una nota, encontrada sobre su mesa de trabajo, después de su muerte, en la que expresa: «El misticismo es la oscura autopercepción del reino exterior al yo, o sea el ello».[3] ¿Acaso Freud concibió en el ello algo tan grande como es el deseo de Dios? ¿O se trata de una noción parecida a la de Bion en relación con la fe en el punto O, esto es, el punto original? De hecho, la visión que Freud tiene de la mística es retrospectiva, reconstructiva y también psicopatológica. Lo veremos más adelante.

Para Bion, la mística tiene una orientación más prospectiva y evolutiva. Según él, el punto O, que, como hemos dicho, es la situación personal primitiva y original en la que se origina la potencialidad del ser y al cual el ser retorna, propone que la unión que se da en la experiencia mística es el retorno al punto O, a la primitiva y caótica autopercepción de la propia existencia. La propia existencia es así transportada, mediante un proceso de identificación, hacia una percepción de la existencia referida al otro, de manera integradora, pero diferenciada y no confusa. Este «otro» es lo que Bion denomina «lo desconocido e inaccesible».

Por su parte Ana María Rizzuto cree que las experiencias místicas recuerdan las experiencias que son vividas en los tratamientos psicoanalíticos. Así lo expresa:

> La realidad psíquica del analizado prevalece sobre toda otra realidad. El lugar psíquico donde todos vivimos nuestra vida más profunda es un lugar indescriptible de vivencias exclusivamente personales donde no podemos llevar a nadie. […] El paciente no olvida nunca lo que ha vivido dentro de las formas de transferencia y estas guardan para él una fuerza de convencimiento más grande que todo lo que ha adquirido de otra manera. […] El psicoanálisis, paradójicamente, proporciona curación por el conocimiento experiencial en el contexto de una relación ritualizada y muy profunda; así también la

---

3 S. Freud, *The Standard Edition of the complete psychological Works of Sigmund Freud*, 24 vols. Londres, Hogarth Press, 1953 [trad. cast.: *Obras completas*, 24 vols., Buenos Aires, Amorrortu, 2013-2014].

forma de conocer, experiencial e inefable (y de convencimiento) del místico, es la forma más esencial del conocer humano.[4]

Abraham Maslow y Rabindranath Tagore, entre muchos otros, y de maneras muy diferentes, nos hablan de experiencias cumbre, extraordinarias, vivencias de goce, de iluminación, que abren nuevos horizontes, a pesar de que no haya, al menos conscientemente, una relación con una experiencia religiosa. La experiencia mística, en distintos grados y matices, puede estar presente en toda persona creyente y en las diferentes religiones y, por supuesto, en la tradición mística oriental. Pero aquí nos limitaremos a la mística occidental y nos referiremos especialmente al modelo de los místicos cristianos.

La crítica inicial de Freud a la religión

En el marco de este breve recorrido histórico nos puede ayudar detenernos un poco más en los puntos centrales de la crítica freudiana a la religión. Freud intentó reiteradamente una comprensión interpretativa del fenómeno religioso desde un punto de vista psicológico y aplicando este análisis a la historia de la religión de su pueblo. Así pues, sitúa el origen del hecho religioso tanto en la psicogénesis como en la sociogénesis de la vivencia de Dios y establece dos posibilidades básicas en la psicopatología religiosa: la neurosis social religiosa que expresa la vertiente ética de la religión y la ilusión casi delirante de la experiencia religiosa.

En el primer caso, la neurosis social religiosa que expresa la vertiente ética de la religión, las ideas religiosas serían, desde el punto de vista de la sociogénesis, el resultado de la necesaria defensa contra los poderes prepotentes de la naturaleza. Ante esta prepotencia, y con la finalidad de «humanizar la naturaleza», en busca de consuelo y ayuda, se crean dioses a manera de «protección paternal». A estos dioses se atribuyen tres cosas: asustar

---

4 A.M. Rizzuto, «Reflexiones psicoanalíticas acerca de la experiencia mística», *Teología y Vida* 37, 1/2 (1996), pp. 27-38.

y hacer frente a los temores de la naturaleza; consolar al hombre, haciéndole soportable su destino, y dictar unos preceptos morales que lo protejan ante el hecho de la civilización.

Desde el punto de vista de la psicogénesis, Freud considera que en las relaciones padre-madre-niño el padre deviene un peligro al mismo tiempo que inspira afecto y admiración. El individuo, al crecer, está predestinado a seguir siendo un niño necesitado de protección contra los temibles poderes exteriores. La instancia protectora es Dios: un padre. Y así se crea la ambivalente nostalgia del padre para que lo proteja a pesar de que le tema. Hay, según Freud, un drama primordial, hay un crimen ancestral, el asesinato del padre que se perpetúa en la historia. Un padre celoso y omnipotente es asesinado y devorado por sus hijos, que con esto encuentran la posibilidad única de tener acceso a las mujeres que, con celos, el padre reservaba para él solo.

El padre primordial fue el prototipo de Dios. Este asesinato primordial, una especie de pecado original y originante, sería el fundamento de la moral, la religión, las leyes y las grandes instituciones de la sociedad. Los hombres se habían librado del padre matándolo, nadie podía ocupar su lugar y, como reacción, se proponen respetar la voluntad del muerto: de Dios-padre. La religión sería la repetición histórica de los orígenes del asesinato del padre. Un Edipo colectivo. El Edipo individual sería demasiado breve e indistinto para engendrar los dioses. Este padre muerto retornará a la existencia, primero con los animales totémicos de las tribus, más tarde con los dioses, los héroes y los demonios, finalmente con el Dios único judeocristiano hasta llegar a la resurrección del padre primitivo. El cristianismo, a diferencia del judaísmo, que no reconoció la muerte del padre en la persona de Jesús, ve necesaria la muerte del hijo Jesús para expiar la culpa o pecado original contra el padre. Pero el padre es quien nuevamente se impone y opera la resurrección del hijo, lo diviniza y viene a suplantar nuevamente al padre.

Visto este recorrido, para Freud la religión sería una neurosis social: el retorno de lo reprimido en la muerte del padre. En este origen traumático y reprimido anida el carácter obsesivo de la religión. Y es en la verdad histórica ancestral del asesinato del padre donde comienza la influencia que tiene la religión sobre los hombres.

En el segundo caso, esto es, la ilusión casi delirante de la experiencia religiosa, los deseos religiosos son ilusiones, realizaciones de los deseos más antiguos, intensos y desgarradores de la humanidad. El secreto de su fuerza radica en la fuerza de estos deseos. Ilusión no es lo mismo que error. Lo más característico de la ilusión es que parte de los deseos humanos de los cuales deriva. Desde este punto de vista, se acerca a la idea psiquiátrica del «delirio» de la cual, aun así, se distingue claramente. La idea delirante, además de tener una estructura muy complicada (trastorno del contenido y del curso del pensamiento, del yo que piensa, etc.), aparece en abierta contradicción con la realidad. La ilusión, en cambio, no está en contradicción con la realidad, sino que «prescinde» de su relación con ella.

Los dogmas religiosos, por ejemplo, son todos ellos ilusiones indemostrables y no es lícito obligar a nadie a aceptarlos como ciertos. Hay algunos tan inverosímiles y opuestos a aquello que trabajosamente hemos llegado a averiguar sobre la realidad del mundo que, salvando las diferencias psicológicas mencionadas, podemos compararlos a las ideas delirantes. Así lo expresa Freud: «Resulta imposible determinar su valor real. Son tan irrefutables como indemostrables. Sabemos todavía muy poco para acercarnos a ellos como críticos». Años después, en 1937, dirá:

En la religión debe haber un carácter grandioso que todas nuestras explicaciones no bastan para esclarecer. Debe haber otro elemento. Algo que tenga poca analogía y ninguna equivalencia, algo único que no puede calibrarse más que mediante sus consecuencias y el orden de grandeza del cual sea la misma religión.[5]

Así pues, según Freud, lo que crea a los dioses no es solo el miedo, también son los deseos, y esto es el fondo pulsional de la

---

5   S. Freud, «Moisés y la religión monoteísta», en *Obras completas*, Buenos Aires, Amorrortu, 1997, vol. XXIII, pp. 171-172.

religión. Un fondo pulsional que puede derivar psicopatológicamente en la medida en que los deseos sean regresivos.

Después de Freud, como hemos visto, frente al hecho religioso y místico han surgido nuevos planteamientos psicoanalíticos cuyo interés se ha centrado en discernir si la religión —y su expresión más madura: la experiencia mística— puede llegar a ser una instancia estructurante de la personalidad humana e incluso llegar a ser necesaria.

Qué entendemos por mística

Desde el punto de vista fenomenológico y antropológico, hoy en día hay muy buenas presentaciones del fenómeno místico,[6] pero aquí lo trataremos desde una perspectiva psicológica. Dejaremos a un lado los llamados «fenómenos paramísticos» que pueden acompañar el proceso místico. Son fenómenos sensoperceptivos, como las visiones, las apariciones, las audiciones, los éxtasis, los estigmas o las revelaciones.[7] Estos fenómenos o tienen una alta incidencia psicopatológica o expresan la fragilidad emocional o la labilidad afectiva de las personas que los presentan, tanto si su experiencia religiosa es sana como si es patológica.

La experiencia mística es una experiencia interior (o mental) afectiva y cognitiva, consciente o inconsciente, que no se puede separar de la experiencia de relación personal y de la acción operativa de la persona que muestra un aumento de bondad, cuando se trata de experiencia sana. En sí misma, la mística no es una experiencia psicopatológica, es una experiencia subjetiva difícilmente descriptible por parte del sujeto que la experimenta, quien no puede acabar de explicar lo que le sucede: es una experiencia inefable. Se trata de una vivencia intensa *(erleben)* y de un experimentar mediante la vivencia *(erfharen)*. Se ha de expresar en figuras alegóricas, en imágenes y en símbolos. Diferentes estudios

6   Por ejemplo, J. Martín Velasco, *El fenómeno místico. Estudio comparado*, Madrid, Trotta, 1999.

7   C. Stählin, *Apariciones*, Madrid, Razón y Fe, 1954.

han hallado que las palabras más frecuentes en las autobiografías de los místicos son «inefable», «iluminación interior» y «conciencia suprema».

No es una experiencia racional ni conceptual. Puede afectar la función psíquica de los estados de la conciencia y también las funciones sensoperceptivas y cognitivas, los contenidos del pensamiento y sobre todo el mundo interno vivencial afectivo. El místico no rehúye, sino que afronta las dificultades de la vida, tanto las personales como las sociales. Su vida se va transformando y progresa en la buena relación con los otros, en la medida en que establece vínculos de relación con estimación. Sus actividades relacionales personales están enfocadas en promover el bien en los otros con estimación.

Es una experiencia en la que la búsqueda reflexiva solamente está en el inicio. La voluntad no es la que logra la experiencia. El esfuerzo que se concentra en la vivencia mística, para la búsqueda del Dios deseado, no se ve correspondido a voluntad del sujeto. Se percibe como «vivencia venida desde afuera».

Es una experiencia de la cual no se puede dudar cuando es auténtica. Es un don de Dios para quien tiene fe. Es una experiencia que lleva los goces o consuelos y la satisfacción más grandes, a pesar de que supone, al mismo tiempo, una vida difícil y amorosamente dolorosa.[8] Es una experiencia iluminadora más que ninguna otra cosa y proporciona una certidumbre, una clarividencia, superior a cualquier otra, a pesar de que el místico, a diferencia de la clarividencia del psicótico, admite que se podría engañar y mantiene un convencimiento pacífico de su certeza.

El proceso psicológico de la experiencia mística

Nuestra hipótesis es que el proceso psicológico madurativo de la experiencia religiosa conduce hacia la vida mística. La vida mística se sitúa, psicológicamente hablando, en el origen y la

8   K. Rahner, *Palabras de Ignacio de Loyola a un jesuita de hoy*, Santander, SalTerrae, 1979.

culminación de la experiencia religiosa madurativa y, en diferente grado y matices, está presente en toda persona creyente. Ya hemos visto antes el proceso psicológico de crecimiento de la experiencia religiosa. La experiencia mística se asienta sobre una maduración ya adulta en el proceso de crecimiento religioso del sujeto. Crecimiento espiritual y crecimiento psicológico entran en interacción concomitante. Señalaremos algunas características del proceso de esta maduración.

La mística, desde un punto de vista psicológico, es un proceso voluntario y consciente en sus inicios, un proceso en parte «activo» y en parte «pasivo»: es una «activa pasividad», una receptividad amorosa que se origina insensiblemente por un progresivo desnudamiento de los propios intereses por ir en busca de los del otro. Hay un deseo amoroso del otro que conduce a la renuncia de los deseos personales, ya sean sensibles, sensoperceptivos, cognitivos o afectivos. La renuncia proviene como consecuencia del deseo amoroso de unión con el objeto de la relación, deseado y seleccionado (el objeto interno mental Dios). Este objeto de relación amorosa ultrapasa el valor de todos los demás objetos de relación. Esta renuncia a los propios deseos va abriendo la capacidad de simbolización, de una nueva y mayor creatividad mental.

La vida mística transforma e incrementa la creatividad. Conduce hacia un crecimiento personal, hacia el logro de lo más íntimo de la propia existencia. Esto se constata de manera experimental en personas que viven sanamente este proceso. Haber conseguido una identidad diferenciada y diferenciadora del otro hace que vaya creciendo la verdadera identidad personal. Y esto se va manifestando en obras y conductas, en buena relación personal con respecto a los otros, tanto en el plano social, mediante actividades constructivas, como en el personal de estima amorosa y activa. Aumenta también la percepción de sentirse gozosamente pecador, viendo la distancia y la desproporción entre el Dios-amor y los propios límites y, al mismo tiempo, sintiendo un deseo de Dios y una estimación que le llena de gozo.

El proceso de simbolización religiosa y la experiencia mística

La simbolización religiosa está en la base de la configuración de la experiencia psicológica religiosa. En la simbolización intervienen no solo las capacidades subjetivas presentes de la persona, sino también su proceso histórico personal y el entorno psicosocial religioso que, desde las primeras fases de la vida, va estructurando realidades simbólicas, las cuales permanecen en la edad adulta como base de posibles identificaciones.

¿Cómo entendemos el proceso psicológico de la simbolización? El proceso de simbolización que se genera en la mente del místico tiene lugar en un plano no consciente, como si se tratase de una atmosfera que va saturándose poco a poco. Entonces, puede suceder que la llegada del «conocimiento» y de la «iluminación» o la «consolación», que pueden darse en el proceso místico, aparezcan en forma de un estallido: en términos metafóricos, ha cristalizado la atmosfera no consciente que estaba saturada y ha aparecido repentinamente la experiencia, que se presenta como nueva, llegada desde afuera y, por lo tanto, sin que el sujeto comprenda el porqué. El catalizador de este estallido puede haber sido cualquier circunstancia externa o interna significativa para el sujeto, aunque sea algo episódico que de manera inconsciente lo ha afectado. No obstante, precisamente porque ha habido una disposición de búsqueda, de deseo de Dios y de renuncia amorosa y desnudamiento —a pesar de que no se sea consciente de ello— se ha hecho posible que el proceso simbólico —la atmosfera que ha saturado— se haya podido producir y autentificar.[9] Es una experiencia íntima, que puede llegar a ser súbitamente explosiva, sin saber qué la ha desencadenado.

No olvidemos que esta hipótesis que presentamos pretende mantener expresamente intacto el misterio de «la acción del espíritu», que no es directamente física, pero sí real.

---

9 J. Font, *Psicopatologia de l'experiència religiosa* [sin publicar], Barcelona, Fundació Vidal i Barraquer, 1983.

El núcleo de la experiencia mística

Desde nuestro punto de vista psicológico, el núcleo de la experiencia mística es el desnudamiento interior personal de aspectos egocéntricos infantiles, que apunta a lograr una relación de unión amorosa con Dios, una relación total. Vemos que el místico se forma en un laborioso proceso en el que va renunciando a otras relaciones porque ha deseado establecerse interiormente en la relación fundamental con Dios, un Dios que va encontrando dentro de sí en un proceso psicológico de interiorización y de identificación.

En la medida en que se acerca al desnudamiento interior, a la renuncia de otras relaciones gratificantes, se re-crea y se intensifica en él, dolorosamente, la función simbolizadora que lo conduce a una vinculación más profunda con Dios. Al liberarse de relaciones limitadas y parciales, se abre paso a una relación con Dios ilimitada e inefable.

La experiencia mística nace de la aspiración de una relación con Dios que tiende hacia la unión amorosa plena con Él. En esta experiencia se da una transformación de base vivencial-pulsional más que racional-intelectual, puesto que se trata de una experiencia formada por vivencias conscientes y no conscientes.

Algunas preguntas frecuentes alrededor de la experiencia mística

¿Tiene algo que decir la neurociencia sobre la experiencia mística?

En la neurociencia podemos encontrar un correlato neuronal de la génesis de la experiencia psicológica mística. Los fenómenos místicos estarían provocados por un proceso inconsciente de desautomatización que consiste en la supresión temporal de las funciones analíticas (hemisferio izquierdo del cerebro), es decir, las que interpretan y seleccionan los estímulos que provienen del exterior. Entonces, lo que tiene lugar es un predominio del estímulo de percepción intelectual activo (hemisferio derecho del cerebro) que se corresponde con los pensamientos más precoces. Este retorno a los pensamientos más primitivos no necesariamente ha de ser comprendido como una regresión infantil; también puede ser un progreso, como es el caso del verdadero místico. Es por eso por lo que, en la experiencia mística, por el hecho de haber suprimido la categorización analítica abstracta y de no emplear las estructuras cognitivas y perceptivas automáticas, se gana en intensidad y riqueza.

¿No será la experiencia mística una regresión infantil o una manifestación psicótica?

¿No es posible ver en la experiencia mística una relación con las experiencias emocionales de fusión simbiótica como las que el niño tiene con la madre y que el místico intenta reencontrar?[10] ¿Podría ser que las experiencias místicas fuesen experiencias psicológicas regresivas?[11] ¿No hay, en la mística, elementos sintomáticos de tipo psicótico como, por ejemplo, la «clarividencia» de ciertas convicciones? ¿No es posible alcanzar la misma experiencia extraordinaria con sustancias alucinógenas? ¿No será, pues, el camino místico, contrario a lo que nosotros proponemos, uno regresivo y psicopatológico en lugar de ser uno de crecimiento mental y emocional?

El psicólogo Morton Prince, en su estudio sobre «estados místicos y regresión», sitúa la característica básica de la experiencia mística en «el éxtasis unitivo», lo que sugiere una regresión hacia las experiencias primarias de la lactancia, en las que tienen lugar también las características de «fusión», «inefabilidad» o «éxtasis». A pesar de ello, Prince cree que hay regresiones más o menos profundas, en niveles más primitivos y también otros menos primitivos. De ello deduce que la evolución del estado

10 M. Malher, *El reto de la psicología a la fe*, Madrid, Cristiandad, 1975.
11 M.H. Prince, «Los estados místicos y el concepto de regresión», en J. White, *La experiencia mística*, Barcelona, Kairós, 2005.

místico puede llevar a la psicosis o, por el contrario, al retorno normalizado de una vida adulta. Todo dependerá de las vivencias del sujeto en la infancia o de las experiencias de placer y de miedo que haya tenido.

A pesar de que la hipótesis de Prince es atractiva, con respecto a la posibilidad de considerar la mística como un fenómeno regresivo conviene decir que la cuestión radica en la psicogénesis del fenómeno místico. Cuando se afirma que la mística es un estado regresivo, se hace referencia a estados más o menos confusionales de la relación infantil que se reviven en los estados psicóticos. Pero existe una radical diferencia entre el estado psicótico confusional y la «unión» mística sana no confusional, en la que se mantiene la plena diferenciación entre Dios y la persona psicológicamente adulta dentro de un proceso amoroso progresivo, integrador y creativo, a diferencia de los estados psicóticos, en los que se produce la confusión con el otro en lugar de una relación de unión entre la persona y Dios.[12]

La experiencia mística sana tiende al crecimiento emocional y personal del sujeto y no a la regresión. En el sujeto esto se manifiesta en la capacidad de desprenderse de los propios rasgos narcisistas y egocéntricos en favor de la estimación del otro: de Dios y del prójimo. Así, poco a poco crecen las capacidades relacionales que resultan satisfactorias para el propio sujeto y para los demás.

Nuestra hipótesis, pues, es que la experiencia mística, lejos de ser una experiencia regresiva, es más bien la culminación madurativa de la relación con Dios. En la experiencia mística existe una experiencia de unión de base pulsional, en la que la satisfacción está unida a la situación de apogeo («el orgasmo mental») que se produce con unas posibilidades que las relaciones más precoces no permitían todavía. En las experiencias infantiles el placer de encontrarse inmerso y satisfecho en el seno materno, o

---

12   Consideramos, pues, que en la hipótesis de Prince hay una falta de claridad al hablar de la «fusión» mística, que lleva a la confusión, al no diferenciarla de la «unión» mística, un proceso amoroso progresivo, integrador y creativo.

no bien diferenciado, conduce hacia una fusión y también una confusión, que en la regresión que efectúa un psicótico queda bien patente. En la experiencia mística, en cambio, las posibilidades de relación han llegado a ser bien diferenciadas, adultas. Entonces, pueden entrar en relación con el objeto trascendente, que es un objeto de relación totalizante que nos sobrepasa y ante el cual se produce una desproporción entre las propias posibilidades, ahora ya adultas, y la grandiosidad del objeto a conseguir. En el niño esta desproporción se da frente a una madre o a un padre que, en su fantasía o en la realidad, pueden convertirse en objetos idealizados o persecutorios. En la relación de la vida mística, la relación con el objeto trascendente Dios se produce por quien cree por la fe y es un objeto «real» muy distinto de los objetos parentales de la fantasía infantil. Como decía Marc Oraison: «Llegamos a ser adultos, como hombres, ante los hombres; pero siempre seremos niños ante Dios».

¿La mística es psicopatológica?

En lo que respecta a posibles experiencias psicopatológicas, en otro lugar hemos tratado cómo se pueden dar experiencias religiosas psicopatológicas y pseudomísticas muy diferenciables de los procesos místicos.[13] También se puede establecer un diagnóstico diferencial entre los procesos místicos sanos, los psicopatológicos y los producidos por sustancias alucinógenas.[14] Aquí solo conviene recordar que, tanto en el proceso genético de la mística como en la fenomenología del hecho místico, se diferencia lo que es un proceso madurativo psicológico y espiritual en la mística de lo que es una fijación o regresión a niveles primarios psicopatológicos en los trastornos mentales. Así, se puede observar

13   J. Font, *Religión, psicopatología y salud mental. Introducción a la psicología de las experiencias religiosas y de las creencias*, Barcelona, Herder, 2016.

14   *Id.*, *Psicología de las experiencias religiosas y la experiencia mística*, Reflexión del grupo de estudio interno de la Fundació Vidal i Barraquer [sin publicar], Barcelona, Fundació Vidal i Barraquer, 2004.

cómo se va encontrando el goce de la relación unitiva con Dios, que no es confusión, o cómo, en la experiencia de la relación con el otro, esta se experimenta como llegada de afuera; sin embargo, a diferencia de la experiencia psicótica, lo que viene de afuera no es sentido como una relación impuesta o persecutoria, sino como una relación amorosa a la que se puede corresponder o incluso resistir; ahora bien, como podría suceder en el amor humano, el otro sigue amando y el sujeto puede seguir sintiéndose amado. También podemos constatar que aumenta la capacidad simbólica y creativa manifestada emocional e intelectualmente.

El proceso místico sí pasa por etapas con sintomatología depresiva, pero clínicamente están bien diferenciadas de las depresiones patológicas, tanto las mayores psicóticas —melancólicas— como las no psicóticas. En la noche oscura del espíritu hay síntomas depresivos, pero esta depresión es una reacción; se trata de una depresión reactiva frente a las pérdidas, del vacío que ha generado el proceso del desnudamiendo personal. Y esta depresión, esta noche oscura, tiene capacidad de reparación amorosa. En las fases de «noche» nunca se pierde la esperanza del amor, que se siente como una lucecita en medio de la oscuridad más grande, a diferencia de las melancolías psicóticas, en las que se puede llegar a la muerte «mental» y al suicidio. La experiencia mística, pues, no responde en sí misma a un proceso psicopatológico ni tan siquiera a un proceso regresivo: retornar a experiencias infantiles (regresión) es lo contrario de la experiencia de maduración psicológica y espiritual en la que se asienta el fenómeno místico.

Con todo, si entendemos por «patología» no una enfermedad, ni siquiera la falta de salud, sino unos accidentes —procedentes tanto del interior como del exterior del sujeto— que aparecen en el desarrollo vital de toda evolución humana, hemos de decir que la experiencia espiritual y mística, en la medida en que forma parte del proceso de maduración de la persona, también puede quedar afectada por estos accidentes o dificultades. Más adelante trataremos esto. De momento, conviene ser conscientes de que si la persona humana no se desarrolla en todas sus dimensiones, su dimensión espiritual puede quedar desvirtuada.

¿Hay sentimiento de culpa en el místico?

Hay diferentes tipos de «culpa»: la más grave puede ser psicótica, pero también hay una culpa «normal», que tiende hacia la reparación. El místico capta la distancia desproporcionada que existe entre el Dios que es amor y los límites de su propia estimación. De esta desproporción en el amor puede nacer un sentimiento de dolor, del propio desagradecimiento con relación a Dios: sentirse pecador. El deseo de Dios y la estimación lo llenan, no obstante, de goce, a pesar de sufrir cuando pasa por el proceso doloroso de realizar «el duelo» y de reparar las carencias o las propias culpas.

La culpa deja de ser un residuo infantil de relaciones no maduradas, por ejemplo un sentimiento de culpa edípico que, junto a mecanismos de defensa obsesivos, Freud proponía en la neurosis social religiosa. La culpa del místico no es una culpa neurótica, sino que nace del acercamiento al «principio de realidad», en la medida en que él es capaz de ir observando cuál es la realidad de Dios, que por amor quiere estar unido a la persona humana, y cuál es la lánguida correspondencia de la persona humana.

En el místico hay un sentimiento profundo de duelo, concomitante al desnudamiento interno y externo: noche oscura del espíritu, de los sentidos, del entendimiento, totalmente diferente a la de una depresión profunda y melancólica. Es un indicador del crecimiento creativo en la mística el perdón que concedemos a quien nos ha ofendido.

Y el Espíritu, ¿dónde está?

Con lo que acabamos de expresar sobre el fenómeno místico no se pretende entrar en el «por qué» de la acción del Espíritu, que es de un orden diferente. Se intenta comprender el «cómo» se produce psicológicamente. Para el creyente, el Dios trascendente está en otra realidad, no «física», pero la percepción psicológica que tiene de Él en su mente es real y percibida, naturalmente, dentro del orden físico.

Resumen de la experiencia mística

Recopilando lo que hemos expuesto sobre la mística, vemos que en la experiencia mística hay un deseo profundo de amar por parte del sujeto y, por otro lado, por parte de Dios, el trascendente, el don del espíritu que se manifiesta en la persona no como si fuera un intercambio calculado que se puede controlar. Por eso lo llamamos «don gratuito»; no hay equivalencias sino analogías. Esto, visto desde la psicología profunda, es un proceso de deseo, de búsqueda y de relación con un objeto estimable, el trascendente. En esta relación se pueden percibir los efectos del amor de este objeto trascendente hacia el sujeto que desea y busca. Es un proceso continuo de conversión, de desprendimiento de la autoestima narcisista y de elegir con libertad de librarse al riesgo de amar sin poner límites.

Creemos que esto es el núcleo de la vida mística, la expresión que se da en la vida entera de la persona, también en sus obras y actividades personales y sociales. Esta vida mística no es una utopía reservada a unas pocas personas de vida monacal-contemplativa, sino un reto para todo creyente, para toda persona. La experiencia mística tampoco se agota en la experiencia subjetiva de quien la vive, sino que se puede dar en una vida de actividad, de operatividad, de buena relación con «objetos externos», movida por la fe y el amor. Vida de actividad y no solo contemplativa.

Sintetizamos, para terminar, las ideas más importantes en el camino recorrido:

a) La mística es un proceso psicológico evolutivo hacia una relación con Dios que tiende a una culminación de unión amorosa con él.

b) La experiencia mística busca lograr lo más íntimo de la existencia cuando tiende hacia el amor. Requiere de unas disposiciones psicológicas maduras, fruto de una evolución personal, que no se dan todavía en la infancia. Es, pues, una experiencia no regresiva; todo lo contrario, es una experiencia de crecimiento psicológico.

c)   En la vida mística, la relación del creyente con el trascendente, con Dios, es una relación amorosa que se desmarca de la idealización o de la persecución del temido Dios omnipotente de la fantasía infantil.

d)   En la experiencia mística se produce una transformación. Hay una experiencia de unión, de base vivencial pulsional y no racional. Es una experiencia que está formada de vivencias conscientes y no conscientes, de actitudes activas y pasivas.

e)   La relación del místico con el trascendente es una relación que traspasa toda otra relación personal humana, ante la cual se produce una desproporción entre las propias posibilidades de amar y el amor de Dios. El goce que se genera da lugar a una situación de apogeo amoroso «orgástico» mental. En personas con estructuras afectivas lábiles se pueden producir fenómenos corporales «paramísticos», como éxtasis, estigmas y otros.

f)   Como decía Marc Oraison, «llegamos a ser adultos ante los hombres, pero siempre permanecemos niños ante Dios».

4. Salud mental y salud espiritual

Punto de partida y conceptos fundamentales

Intentaremos abordar la salud y la espiritualidad desde la perspectiva antropológica psicológica, tomando como base la concepción psicoanalítica y relacional. El punto de partida de nuestra reflexión será el hecho mismo de la realidad antropológica de la vida; la vida contemplada como potencial vital, como raíz y árbol de donde emergen tanto la salud como la espiritualidad, que son manifestaciones diferenciadas de esta misma vida.

Entendemos que la vida humana es la realidad básica que nos permite hablar de la salud corporal y de la salud mental, es decir, de la salud de la persona, de la salud que la persona vive unitariamente. De esta salud podemos conceptualizar su existencia; lo que no podemos es entrar en su mismo ser.

En 1946, la Organización Mundial de la Salud definió la salud no solo como la ausencia de enfermedad, sino como un estado completo de bienestar *(wellbeing)* físico, mental y social. Más adelante, nosotros mismos, en el Congreso Mundial de Psiquiatría de 1976, en Perpiñán, con un grupo de investigación interdisciplinario de profesionales (médicos, biólogos, sociólogos, psiquiatras, psicólogos, políticos), propusimos una definición dinámica y evolutiva —como la vida misma— de la salud. Para nosotros, «salud es una manera de vivir autónoma, solidaria y gozosa, con capacidad de evolución madurativa». No se trata, pues, de un estado estático, sino de una manera de vivir dinámica y evolutiva. Propusimos también que la salud no fuera cualificada por el «bien estar» sino por el «bien ser». Después, en el Congreso de Girona de 2008, pusimos aún más de relieve la salud como un concepto en relación con el sujeto evolutivo, en medio de su relación con el entorno social, cultural y ecológico (armonía con el entorno).

El otro concepto básico que nos incumbe es el de la espiritualidad. Para hablar de él deberemos utilizar un lenguaje simbólico y trascendente, que apunta más allá de las realidades físicas. Lenguaje inevitablemente condicionado por las coordenadas de espacio y de tiempo con las que nos movemos en nuestra condición temporal.

La espiritualidad es vida; es manifestación de la vida. Es una realidad que no se puede reducir a los parámetros de la realidad física, pero que es captada y vivida físicamente en nuestro cerebro. De igual forma que la salud, la espiritualidad es una manifestación de la vida, aunque no siempre captaremos su existencia, ya que es percibida en nuestro interior inconsciente con un marcado acento afectivo y emocional a menudo oculto a los «ojos externos». La vida espiritual también tiene su crecimiento madurativo que tiende hacia la unión con la realidad no física que llamamos el Absoluto o Dios. Realidad esta que, aunque puede ser intuida, no es objeto de conocimiento conceptual: es inefable. En este camino hacia la unión con el Absoluto hay toda una evolución que va desde un estado de relación egocéntrico y de búsqueda de seguridad, pasa por el riesgo de abandonar estas seguridades, hasta adentrarse en esta unión mística no dual. En este sentido, espiritualidad es una experiencia subjetiva referida a un proceso de maduración que, aun partiendo de la experiencia de incompletitud humana, puede alcanzar niveles de experiencia del inefable. Es esta la experiencia de un sujeto que se dispone a entrar en relación interior con una realidad que le atrae con una cualidad superior a la que atraen las seguridades de supervivencia que ofrecen bienestar.

Finalmente, debemos entender lo que llamamos «vida» como la capacidad potencial que todos tenemos, de la cual captamos su proceso evolutivo —nunca logrado totalmente— y creativo en el centro mismo de las dificultades que va encontrando —tanto en el entorno externo como en el interno (enfermedades)— y que intenta superar mediante procesos de duelo que posibilitan y generan crecimiento. Salud mental y salud espiritual son expresiones de esta única vida que está siempre en proceso, siempre en evolución hacia estados de maduración más plena: el «bien ser» en referencia a la salud y la «mística» en referencia a la espiritualidad.

Entender la salud y la espiritualidad como dos emergencias de la vida nos permite comprender mejor el proceso madurativo evolutivo de la vida humana. Es importante remarcar que lo que buscamos es «comprensión» y no meramente una «explicación» que establezca relaciones causales. Es por esto por lo que nuestro discurso no puede quedar reducido al marco de la ciencia natural empírica, a pesar de que integramos los resultados actuales de la ciencia neurológica.[1] También por esto nos desmarcamos del discurso del naturalismo clásico, que radicaliza una concepción antropológica positivista con argumentos utilitarios y pragmáticos que tan solo conceden «existencia» a aquello experimentalmente verificable. Esta verificación experimental habla de una «objetividad» independiente respecto del sujeto.[2]

En síntesis, podríamos decir que, desde el punto de vista antropológico, la vida espiritual es un proceso vital psico-biológico y evolutivo hacia la madurez de la persona humana. Este proceso es una emergencia de la vida y no se agota en ella, sino que trasciende el ciclo vital dirigiéndose hacia una relación de unidad total en una vivencia no dual. Este proceso, además, tan solo es percibido porque es inefable, pero nos incorpora a esta

1   La neurociencia ha ido confirmando experimentalmente las afirmaciones de la antropología psicológica, que analiza el mundo interior humano, y verifican la dimensión no consciente de la conducta humana, de la elaboración racional de conceptos y, sobre todo, de los procesos emocionales y afectivos que están en la base de las vivencias específicamente humanas determinantes de los procesos creativos que las trascienden.

2   De hecho, son muchos los autores que han tomado distancia respecto de posicionamientos naturalistas al tratar de dar cuenta de la experiencia religiosa y espiritual. Podríamos nombrar a Max Weber y Peter Berger en el campo de la sociología, a Henri Bergson, Maurice Blondel, Emmanuel Mounier, Teilhard de Chardin o Miguel de Unamuno en el campo del pensamiento. Y en el ámbito de la psicología podríamos citar a Carl Jung o Abraham Maslow, entre otros.

inefabilidad hasta poder decir, en palabras de san Pablo, «Ya no soy yo quien vive, es Cristo quien vive en mí».

Salud, espiritualidad y mundo del inconsciente

Tanto para comprender la salud como la espiritualidad —en cuanto emergencias de la vida— es básico acercarse al mundo del inconsciente. De hecho, la salud mental y la espiritual son vividas, psicológicamente, en el mundo del inconsciente que tiene su base neurológica. Es por esto por lo que hemos optado por el modelo psicoanalítico para comprender la vida espiritual: el psicoanálisis posibilita el acceso a la psicología del inconsciente en la que, básicamente, se vive la vida espiritual.

El modelo psicoanalítico, por lo tanto, nos permite una aproximación antropológica al proceso evolutivo madurativo de la vida psico-biológica que tiene carácter inconsciente. Aun así, mientras que para la evolución de la salud podemos encontrar indicadores objetivos corporales y subjetivos psicológicos, para la evolución de la espiritualidad solo encontramos señales indicadoras que nos hablan de maduración o de regresión.

Puede resultar sugerente enumerar algunos indicadores de lo que se podría llamar una buena salud espiritual, tomando como base la salud mental. Como más importantes, señalaríamos:

- Tener la capacidad de reaccionar frente a las dificultades y los cambios con libertad, adaptándose a la nueva situación y procurando el bien de los otros. O, en el caso de que la situación ambiental no sea sana, no adaptarse sino, por el contrario, procurar cambiarla.
- Seguir toda la vida un proceso continuo de crecimiento espiritual, tanto en los deseos como en las realizaciones, sin detenerse o quedarse instalado haciendo regresiones.
- Progresar en la autonomía mental, que es compatible con una plena dependencia de Dios. Lograr un criterio propio y una conciencia que haya asimilado —no homologado— las normativas que rigen el propio comportamiento.

— Alcanzar la propia identidad y unidad mental, es decir, integrar todos los aspectos personales en una unidad que abarque la vida entera, incluida la propia muerte, de manera que esta sea su cumplimiento.

— Aceptar los límites de la propia vida y de la muerte (enfermedad, pérdida, carencia) como una posibilidad de vida nueva.

— Amar la alteridad, estableciendo relaciones interpersonales positivas y satisfactorias, tanto para el sujeto mismo como para los demás, desplazando los propios intereses en favor de los intereses de los otros.

— Obtener goce en la prosecución de los objetivos que nos proponemos, aunque no se llegue a conseguirlos.

Estos mismos indicadores, formulados en términos psicodinámicos, vendrían a decir:

— Pasar del principio de placer al principio de realidad del otro; de las satisfacciones infantiles a las adultas; de la búsqueda de la satisfacción individual primaria a la vinculación amorosa con la alteridad, donde se origina el goce.

— Dejarse hacer el vacío o hacérselo uno mismo, desnudarse para lograr la relación amorosa, porque la privación y la necesidad abren el camino hacia la simbolización y la creatividad.

— Desde este vacío y necesidad, crecer en la confianza en el otro y en uno mismo, puesto que esta confianza es el ámbito del amor.

— Aceptar una confianza en sí mismo y una autoestima necesaria para lograr una buena identidad e integración personal.

— Poder diferenciar la propia vida de la del otro y tolerar la interpelación de la diferencia como instancia para el crecimiento en vez de motivo de envidia.

— Percibir, aceptar y asumir la propia contingencia y los propios límites vitales, muerte incluida, con humildad.

¿Es siempre saludable la experiencia religiosa-espiritual?

Nos preguntamos si es posible que el ámbito de la religión y de la espiritualidad sea un lugar común tanto para experiencias sanas y constructivas como para experiencias perversas y destructivas. Porque, de hecho, hoy en día son muy visibles, tanto en la vida social como en la individual, manifestaciones religiosas y espirituales cargadas de patología mental.

Estas manifestaciones han recorrido la historia. Recordemos, por ejemplo, en el ámbito social las llamadas «guerras santas», las cruzadas o la institucionalización de unas psicopatologías de vivencias fanáticas de la religiosidad, tan dominantes, violentas y deplorables como es el caso de la Santa Inquisición.

Freud ya detectó agudamente aspectos psicopatológicos en las manifestaciones religiosas y le resultó difícil aceptar como experiencia no delirante la fuerza y la clarividencia con la que algunos creyentes afirmaban su fe, si bien fue él mismo quien admitió más tarde que la fe de los creyentes no respondía a ninguna situación psicopatológica y que era comprensible tan solo recurriendo a la misma fe del creyente.

Hoy vemos proliferar movimientos religiosos o corrientes espiritualistas con características fuertemente sectarias y a veces extremadamente destructivas, o también de tipo fundamentalista y fanático. Con demasiada frecuencia nos enteramos de que, bajo el signo —justificativo— de la religión o de la espiritualidad, se cometen violaciones físicas o psíquicas, guerras y todo tipo de abusos.

No es extraño, pues, que en el transcurrir de la historia humana la religión y la espiritualidad se hayan tomado como expresión de situaciones psicopatológicas. Con todo, como en cualquier experiencia humana, también en la experiencia espiritual es necesario seleccionar aquello que constituye auténticamente su ser de aquello que es más circunstancial, periférico o que produce confusión.

No podemos concluir, por lo tanto, que toda experiencia espiritual acabe en patología. También hay manifestaciones sanas y saludables de la espiritualidad, capaces de emprender un camino hacia la salud. Por otro lado, es un hecho actual el aumento creciente de la necesidad y la búsqueda de la espiritualidad, lo cual no está reñido con la constatación de una disminución masiva en los cumplimientos religiosos tradicionales. Vemos en muchas personas, sobre todo jóvenes, una búsqueda angustiada y un deseo desesperado por encontrar algún sentido a la vida, una aspiración inconsciente hacia una trascendencia, que conduce a la búsqueda de religiosidades y espiritualidades muy variadas. Algunas de ellas responden a lo que se ha dado en llamar «necesidad de desarrollo» —que van más allá de las llamadas «necesidades de base»— y que se refieren a la necesidad de encontrar la propia unidad, la propia integración, el cumplimiento del propio destino. También vemos pequeños núcleos de jóvenes que buscan en la soledad de una vida contemplativa, y en diferentes corrientes espirituales, el encuentro con Dios, con el Absoluto, con la Última Realidad.

Todo ello nos lleva a pensar que hoy, en nuestra sociedad, coexisten tendencias hacia una religiosidad sana y otras hacia una religiosidad poco clara o incluso claramente psicopatológica. Encontramos, por un lado, una religiosidad que favorece una experiencia de plenitud humana y espiritual; por otro, una religiosidad psicopatológica.

Eso mismo es lo que corroboran muchos de los psicólogos y psicoanalistas actuales que manifiestan su interés en la experiencia espiritual en cuanto experiencia psicológica simbólica que puede devenir estructurante en la personalidad o también vehículo de psicopatologías diversas.[3] Por lo tanto, la religiosidad no expresa en sí misma un fenómeno mental enfermizo ni es el desencadenante de procesos mentales psicopatológicos. Otra cosa es que algunas expresiones de la religiosidad (pensemos en expresiones pseudomísticas o en posesiones diabólicas) puedan ser patológicas.

---

3 En cambio, hace unos veinte o treinta años, la mayoría de los psicoanalistas no consideraba la experiencia espiritual como una experiencia mentalmente sana.

La mezcla y confusión que puede haber entre «religión sana» y «religión enfermiza» proviene, en parte, del hecho de que la experiencia religiosa es una experiencia simbólica del ser humano. No es una experiencia única ni principalmente racional, sino que es vital, emocional, simbólica, pero sin excluir el aspecto cognitivo. Por eso consideramos que el núcleo de la psicopatología religiosa radica en la no evolución adecuada del proceso de crecimiento psicorreligioso que es afectivo y cognitivo a la vez. Este proceso puede verse dificultado por los miedos y entonces es cuando surgen mecanismos defensivos inconscientes con el objetivo de protegerse de las temidas amenazas o de los ataques destructivos, evitando el enfrentamiento con esos temores.

Los mecanismos defensivos pueden devenir perniciosos en la medida en que impiden la libertad necesaria para crecer psíquica y religiosamente. Estos mecanismos defensivos se producen de manera inconsciente a pesar de que es posible que esta defensa después sea aceptada conscientemente por la persona cuando la defensa se ha convertido en visible por los efectos de la actuación defensiva.

Esto quiere decir que el aspecto enfermizo de la experiencia religiosa y espiritual, tanto en personas como en instituciones, fácilmente se puede presentar de manera que no llame la atención; el aspecto enfermizo se puede filtrar inconscientemente y puede llevar a maneras enfermizas de pensar o de hacer, a pesar de que su patología no se detecte en un primer momento.

Algunas carencias de salud (psicopatologías) en la experiencia espiritual

Si tenemos en cuenta que, como dicen los antropólogos, el hecho religioso se da universalmente tanto en el ámbito histórico (tiempo) como en el geográfico (espacio) y que, por lo tanto, es una expresión propia del ser humano, y si además consideramos cuán compleja es la experiencia religiosa y espiritual, por su inefabilidad, por su fuerza, por el misterio que incluye, y como vehicula deseos humanos muy poliformes, no es de extrañar que, como decíamos en el apartado anterior, en el transcurso de la historia haya sido también expresión de situaciones psicopatológicas.

La patología se confundía con la religión en una atmósfera en la que se revestía de formas religiosas y sociales, desde los cuadros psicopatológicos de los endemoniados hasta las sutiles formas racionalizadas de intransigencia fanática provenientes de sentimientos psicopatológicos. Si examinamos la historia y la actualidad de las perspectivas psicológicas del hecho religioso y espiritual, nos encontramos, en líneas generales, con dos posturas:

a) Los animistas y espiritualistas que presentan una dicotomía cuerpo-espíritu. Para ellos el alma, el espíritu, es algo incorpóreo y no físico. Nuestras manifestaciones de contenido espiritual son consideradas como una cuestión no psicológica. Así, el ser humano tendría dos registros: uno físico y otro espiritual. Para ellos, estudiar la comprensión psicológica del hecho religioso o de la espiritualidad carece de seriedad científica e incluso lo considera «herejía». Desde una perspectiva histórica, la psicopatología manifestada en ciertos comportamientos de contenido religioso se ha atribuido al diablo; los fenómenos de la epilepsia o los endemoniados son un claro ejemplo de ello. Hoy en día, según esta postura, una crisis de creencia o la rigidez moral serían cuestiones del espíritu en las cuales el cuerpo no desempeña ningún papel. Es la postura, sociológicamente hablando, «integrista».

b) En el extremo opuesto encontramos el positivismo científico racionalista. Este se hace la pregunta de si toda experiencia llamada espiritual no es más que una manifestación psicológica de dificultades mentales. Este interrogante es alimentado por la frecuencia con la que los contenidos religiosos se presentan en formas clínicas psicopatológicas: delirios psicóticos, escrúpulos neuróticos obsesivos, sentimientos de pecado y de culpa que no admiten reparación, actos rituales mágicos protectores de los miedos, etc.

Evitando estos dos extremos, nuestro marco de comprensión es otro muy distinto. En el proceso evolutivo madurativo de la persona —psíquico y espiritual— con la superación de las dificultades se va adquiriendo una estructura mental capaz de enfrentar las eventualidades y frustraciones de la vida, tanto externas como internas. Sin embargo, esta estructura no siempre queda bien integrada y entonces aparece una respuesta que corresponde a una estructura defectual que se había forjado con anterioridad; también puede suceder que la situación sea tan extrema que propicie una ruptura regresiva de tipo patológico. Estas situaciones se pueden revivir especialmente en la relación interpersonal en la cual está siempre presente el fenómeno de la transferencia, que puede distorsionar la relación con lo trascendente.

La transferencia es un fenómeno que se da en toda relación humana, aunque no nos demos cuenta; por lo general es inconsciente y la conocemos por sus efectos. Consiste en revivir, a partir de un «objeto» externo o interno que se presenta en la fantasía, algo, una experiencia que alguien ya tenía en su mente, aunque no conscientemente, y que ha sido evocada cuando el sujeto entra en contacto con el objeto evocador. El resultado es que el sujeto cree que vive la realidad de lo evocado como si fuera la realidad del objeto evocador y no una proyección de algo que él ha transferido. Nos interesa detenernos a considerar cómo, en la experiencia espiritual de relación con el trascendente, con el objeto interno mental Dios, podemos colocar en Dios aspectos desconocidos de nosotros mismos, considerándolos como si fueran propios del objeto interno mental Dios o de aquello que lo representa.

Nos centraremos ahora en presentar algunas de las dificultades psicológicas más frecuentes y que tienen especial incidencia en la manifestación psicopatológica de la experiencia espiritual. Será un breve recordatorio de lo que, en otros lugares, hemos expuesto extensamente. Las recogeremos en tres ejes en los que, desde el punto de vista psicodinámico, se producen las configuraciones sintomáticas y estructurales de la personalidad.

Situaciones melancólicas, maníacas y paranoides

Hay unas formas de psicopatología relacionadas con dificultades emocionales de las primeras etapas de la vida y que, en la clínica psiquiátrica, son denominadas como psicosis. Psicogenéticamente estas situaciones se corresponden con las primeras etapas del desarrollo. Son las psicopatologías más graves en cuanto a la desestructuración de la personalidad que conllevan. Destacamos tres de ellas:

— En la personalidad con un estilo melancólico la dificultad que se presenta en la relación con el trascendente es el pánico o terror de estar irremisiblemente perdido, condenado y de tener que aniquilarse para expiar su mal y apaciguar la cólera divina; en el fondo sintiéndose sin la posibilidad de reparar esta culpa que es percibida como persecutoria y destructiva. En esta manifestación melancólica se puede dar un sentimiento negativo depresivo que llega a ser como la muerte mental del sujeto; incluso puede suponer el enfermar somático o la pérdida de las ganas de vivir (llegando a intentar quitarse la vida), lo que es muy distinto en las «noches oscuras del espíritu» de los místicos.

— En la personalidad con un estilo maníaco se pasa al extremo opuesto: aquí lo que se produce es un tipo de exaltación expansiva. Existe una negación inconsciente de los terrores melancólicos. La relación con el trascendente es de falsa euforia; al no haberse podido hacer cargo del sufrimiento interno, la reacción es la opuesta a la depresión. Hay un sentimiento de triunfo en la relación con el otro y con Dios, y de desprecio respecto de lo que no le interesa. De esta forma, contribuye a mantener posturas religiosas que no tienen en cuenta a los demás: lo único bueno es él y su grupo. Pueden llegar a manifestarse en actitudes psíquicamente invasoras y perjudiciales respecto a personas que dependen de ellos, sobre todo cuando son emocionalmente frágiles.

— En la personalidad con un estilo paranoide se acentúa aún
más una relación con el trascendente y una vivencia de la
espiritualidad marcadas por convicciones personales irrefutables, dogmáticas e inamovibles. Crece también la
convicción de que todo aquel que no está con él (o con
su grupo) está en contra, y es malo y peligroso. Si se
añade el celo por hacer prosélitos, estamos ante la figura
del fanático. Socialmente se pueden manifestar en experiencias de tipo delirante pseudomísticas, con acento
profético, catastrófico o mesiánico.

Situaciones narcisistas

Esta dificultad psicopatológica se corresponde psicogenéticamente con una etapa de evolución más avanzada, situada entre
las posiciones más primitivas y las más maduras.[4] Clínicamente
es conocida con el nombre de trastorno de la personalidad. Aquí,
las dificultades psicopatológicas se expresan en un grado más
leve. Pueden revestir modalidades muy diversas y presentar episodios de intensidad variable. Socialmente las padecen, a menudo, personas válidas, es decir, con buenas cualidades y capacidades sociales.

El caso más prototípico es el de las personas con organización
mental narcisista. En ellas, la relación con el trascendente se encuentra sometida a las fluctuaciones que marca su entorno, ya que
todavía no se ha adquirido una estructura de personalidad estable.
Por lo tanto, son muy sensibles a las contradicciones y frustraciones (tanto externas como internas) y es difícil que establezcan
una relación personal con la alteridad trascendente que las vincu-
le. Padecen insatisfacción en la relación de amor que buscan sin
alcanzarla. En el fondo tan solo buscan satisfacer, aunque sea
inconscientemente, su deseo de autoestima. Por eso tienen siempre la necesidad de obtener aprobación y gratificación para llenar

4   Esta franja evolutiva de transición es también conocida con el nombre de
borderline.

su vacío afectivo de no sentirse queridas y valoradas. Evitan afrontar la realidad con el objetivo de evadir el sufrimiento que eso les produciría. Les resulta muy difícil dejarse ayudar y, aún más, recibir correcciones o advertencias.

Es difícil que estas personas puedan experimentar sentimientos de culpa sana. La culpa está en los otros. Buscan más quedar bien que la estima del otro y, si buscan el bien del otro, puede que sea para ser reconocidas y amadas. Así pues, su tendencia es a identificarse con ese otro que las autosatisface: «el otro soy yo».

En la relación con el trascendente se puede engañar fácilmente, engaños que no son fáciles de detectar, sobre todo si se trata de rasgos no muy acusados y se dan en personas consideradas inteligentes y con cualidades personales.

Situaciones obsesivas

Entramos aquí en una reacción que psicogenéticamente podemos ubicar como más próxima a una situación de madurez de la persona. Uno de los trastornos que puede aparecer en estos momentos recibe el nombre de obsesivo o escrupuloso. Se pueden presentar como síntomas ocasionales o como parte de una estructura estable de la personalidad. La relación del obsesivo con el trascendente está marcada por sentimientos de autoexigencia impuestos no por amor, sino por una obligatoriedad temerosa sentida interiormente y a menudo confirmada exteriormente por normativas rígidas y severas, más inspiradas por una ley controladora que por la caridad. En algunos casos severos, los mecanismos psicológicos defensivos del obsesivo o escrupuloso pueden conducir a patologías sádicas y masoquistas que, en su expresión moral y religiosa, son peligrosas, aunque de manera sutil, y no son escasas en la sociedad actual.

Pone en juego actos rituales conjuratorios con el objetivo de anular sus miedos infantiles y de evitar el control riguroso de la autoridad temida y a la cual se somete. Tiene sentimientos de culpa psicológica dolorosos que confunde con una verdadera culpa moral reparadora. Se mueve en un terreno de dudas e incertidumbres que lo angustian y no le permiten tener una relación con Dios amplia y pacificadora. La obligatoriedad y el control de su experiencia espiritual, con los que pretende tender a la «perfección», le preocupan y justamente le nublan la mirada gozosa hacia el trascendente.

Otros síntomas depresivos

Capítulo aparte merecerían los síntomas o estados depresivos, desde las depresiones sanas y necesarias hasta las gravemente enfermizas. Depresión es un término que, junto al de ansiedad, abarca un abanico de situaciones muy diferentes. Por ejemplo, hay experiencias religiosas sanas que se expresan con síntomas depresivos. Son depresiones reactivas frente a las dificultades. Así pasa en la experiencia espiritual cuando, en el proceso de crecimiento madurativo, hay pérdidas o renuncias necesarias para lograr la unión amorosa de más valor espiritual. Se puede experimentar la noche oscura que, como ya hemos visto, es una depresión saludable.

Hay otros síntomas depresivos, además de la depresión grave melancólica, que se producen como reacción de intolerancia a la frustración o a las pérdidas físicas o morales. Pueden aparecer perturbando la experiencia espiritual y son conocidos como movimientos del «mal espíritu» en la terminología utilizada en los ejercicios espirituales de Ignacio de Loyola al describir el «discernimiento de espíritus». Acostumbran a aparecer en sujetos que presentan rasgos de diversos trastornos de personalidad como la histeria, el narcisismo o la obsesión. Pueden ser manifestaciones transitorias y son frecuentes, aunque en grado menor, compatibles con lo que entendemos por buena salud mental.

Hemos visto, pues, algunas dificultades en la percepción del trascendente que provienen de una situación psicopatológica. Nos podríamos preguntar si tener estas dificultades en la experiencia espiritual es un «estado» o es «transitorio». En este sentido, conviene tener en cuenta las situaciones más sintomáticas o transitorias que se puedan dar y, por otro lado, el estilo habitual de comportamiento o trastorno estructural, persistente. Tanto en uno como en otro debemos contar con la enorme plasticidad de nuestro yo y con la capacidad de lograr un nuevo tipo de relación basada en la confianza amorosa que el objeto deseado pueda despertar en nosotros.

El fanatismo: un caso muy actual de falta de salud mental y espiritual

El fanatismo es una forma de fundamentalismo en el cual predomina la violencia física o mental: es necesario atacar a un grupo percibido como «contrario» o a toda autoridad que pretenda imponer su control o dominio «desde afuera». Psicológicamente, el núcleo básico del fanatismo se sitúa —aunque no de manera exclusiva— en una organización mental de tipo narcisista, en la cual participan también mecanismos defensivos maníacos y paranoide-obsesivos.

En el caso del fanatismo, la organización narcisista se concreta en la pervivencia de un sentimiento de omnipotencia infantil, en megalomanía y en autosuficiencia. El individuo no es capaz de alcanzar con madurez la diferenciación de los límites y le resulta catastrófico el hecho de depender de algo; por eso niega todo tipo de dependencia, incluida la amorosa. Tampoco acepta las críticas y manifiesta una intolerancia a la frustración que es sentida como una herida demasiado dolorosa para el propio narcisismo. Ya hemos visto que en la génesis del proceso psicológico de la configuración del narcisismo encontramos una incapacidad de aceptar la dolorosa renuncia a la omnipotencia infantil en el proceso de diferenciación de la madre (que también deja de ser omnipotente). En el momento en que se da una fuerte resistencia por asumir estas «pérdidas» es cuando se empieza a configurar la organización narcisista del sujeto y se va encapsulando en una especie de caparazón protector de sus sentimientos y emociones a fin de protegerse de las intemperancias que vienen tanto del entorno como de su propio mundo interior.

En el fanatismo, junto con una organización narcisista, encontramos mecanismos defensivos inconscientes, que pueden ser de tipo maníaco, esquizoide, paranoide y obsesivo. Las defensas maníacas suponen la negación de la realidad y se ponen en juego ante un temor inconsciente de derrumbe, de un derrumbe de muerte, de caer en una melancolía depresiva. En esta situación, que afecta también a la experiencia psicológica religiosa, no se puede aceptar ninguna pérdida o carencia, pues sería confirmar la muerte temida. Se huye de la fantasía del miedo evadiendo el contacto con la realidad externa que provoca miedo. Tal vez esta sea la característica más persistente en el fanatismo y la más difícil de transformar. Si la defensa maníaca viene reforzada por la agresividad física o mental, da lugar a la violencia fanática.

Las defensas paranoides entran en juego cuando la persona padece graves ansiedades persecutorias. Ante ello la mejor defensa es salir al ataque, pasar de ser perseguido a ser perseguidor del «perseguidor imaginario». En el ámbito de la experiencia religiosa se puede comprender que una psicología de tipo paranoico sea inspiradora tanto de guerras religiosas como de persecuciones antirreligiosas. Igualmente, se puede comprender que sea la raíz de posturas agresivamente reivindicativas, de grupos sectarios o de líderes religiosos con delirios mesiánicos presuntamente liberadores.

Las defensas esquizoides se concentran en una especie de «aislamiento social». Aquí la realidad no está negada, sino que está escindida inconscientemente. La parte de esta que resulta más conflictiva y más difícil de soportar para el sujeto es apartada, restando tan solo la parte de la realidad que está idealizada. Lo que no se puede tolerar es la realidad tal como es, en su totalidad; solo se admite una relación parcial con esta, con la parte idealizada, la única que se puede vivenciar como «válida». Por lo tanto, desaparece la capacidad de tolerar las partes de verdad (también religiosa y espiritual) que pueda haber en el otro, dando paso a posicionamientos muy cerrados, como el integrismo o el dogmatismo.

Las defensas obsesivas están al servicio del control psicológico de las pulsiones o deseos. Este mecanismo se activa para

4. Salud mental y salud espiritual

prevenir los miedos de perder el dominio y sentirse inseguro e impotente ante lo que resulta desconocido. En ningún momento se puede bajar la guardia; por eso se reitera «obsesivamente» el propio control o el control del otro. Conviene no moverse de lo que es conocido con el objetivo de garantizar la propia seguridad.

Estos mecanismos defensivos se encuentran también en el resto de las patologías cercanas al fanatismo y que constituyen lo que para algunos se conoce como «fundamentalismo».[5] La denominación genérica de fundamentalismo engloba un buen número de psicopatologías con contenidos religiosos. Veamos dos de ellas:

— Dogmatismo: la palabra proviene del griego *dogma*, que significa «parecer», «decreto», «decisión», y que ya fue utilizada por Platón y por Cicerón para referirse a ¡«enseñanzas no verdaderas»! Los primeros padres apostólicos del cristianismo tomaron este término en su acepción de «decisión». Con el tiempo, el dogmático ha hecho referencia a aquel que ha ido tomando decisiones y construyendo opiniones sobre algunos temas sin dar opción a ningún cambio o evolución.

— Sectarismo: algunos señalan que proviene del latín *secare*, que significa «tallar», «separar», «romper»; otros que su origen etimológico es *sequi*, que significa «optar por un camino nuevo». Con ello se hace referencia a diversos grupos que, ya desde el origen de las tradiciones religiosas, se han ido separando de la corriente fuente, de tal manera que han devenido verdaderas sectas. Características propias de los movimientos sectarios son la concentración de la bondad en el propio grupo (y, por lo tanto, la necesidad de mantenerse alejados de la comunicación

---

5 Del latín *fundare*, es decir, «asentar firmemente un objeto sobre su fondo». El fundamentalismo tiene sus orígenes en Estados Unidos en el siglo XIX, presente en grupos evangelistas cristianos cercanos a las tradiciones más puritanas de oposición al modernismo.

con «los de afuera»), la sumisión a un liderazgo fuerte que no admita autocrítica y un cierto sentimiento de ser perseguidos.

¿Qué se puede hacer, al menos individualmente, para mejorar o curar el fanatismo y otras psicopatologías concomitantes? No hay recetas definitivas al respecto, pero sí nos pueden ayudar algunas pistas que nos sirvan de pauta para el aprendizaje de un crecimiento amoroso que está en la base de una buena salud mental:

— Reconocer la existencia del mundo inconsciente además del consciente; es decir, hacer consciente aquello que era inconsciente o, dicho de otra forma, favorecer la capacidad de interiorizar. Un ejemplo: evidenciar los fenómenos de transferencia y contratransferencia que se dan en nuestras relaciones personales.
— Aprender a aceptar las pérdidas o carencias, haciendo los respectivos duelos reparadores. La base de este camino de aceptación de los duelos, con el consiguiente proceso de simbolización, está en el amor generoso hacia los demás.
— Cuidar y fomentar la confianza básica, la acogida incondicional del otro, que nace de la estimación. Esta confianza es la que posibilita el crecimiento y la maduración personal, la aparición de un «yo adulto» desde el cual establecer experiencias relacionales sanas, librándose de los miedos infantiles.

5. Psicología y espiritualidad ignaciana

Espiritualidad y duelo. Ayudar a vivir el final de la vida[1]

En el tema que me propongo desarrollar hay dos propuestas:

— El final de la vida; esto es, hacer el último «duelo». El duelo lo entiendo como un «proceso», basándome en un modelo de comprensión antropológico que explica el desarrollo de la persona según un proceso de evolución madurativa, con sus diversas fases de crecimiento, desde el nacimiento hasta la muerte. En cuanto vivencia psicológica, el duelo tiene dimensiones cognitivas, afectivo-emocionales y espirituales. Y dentro de la dimensión espiritual tienen cabida la religión, las creencias y la fe.
— Ayudar a vivir; esto supone conocer qué le pasa a la persona que hace el duelo último y qué me pasa a mí que la acompaño en ese momento.

Supuesto esto, creo que mi aportación puede ir en la línea de presentar el modelo de comprensión antropológico y psicológico que utilizo, así como la manera de comprender la dimensión religiosa-espiritual. Desde ahí, intentar conocer la posible espiritualidad de quien hace el duelo y la manera de situarse de quien lo acompaña ante ello.

---

1 J. Font, «Espiritualidad y duelo. Ayuda a vivir el final de la vida» [conferencia sin publicar], Lleida, Universitat de Lleida, 2013.

Hemos presentado la realidad del duelo como algo que experimentamos a lo largo del camino de la vida ante una pérdida o carencia, y también la realidad del duelo ante la muerte, la última pérdida vital. En tal circunstancia, hemos de hablar del acompañamiento en el duelo del que se va y del que se queda, así como de los recursos disponibles para ello, que son biológicos y mentales (al fin y al cabo, la persona humana es cuerpo y mente en una unidad inseparable).

En el marco de esta unidad humana, la dimensión psicológica básica no es la racional-cognitiva —por más que esta sea importante— sino la afectivo-emocional y esta en su nivel inconsciente. Es este nivel, en el que básicamente encontramos la espiritualidad, del que ahora me gustaría hablar.

Lo primero que deberíamos clarificar es: ¿Qué es lo que entendemos cuando hablamos de espiritualidad? ¿Qué es y que no es la espiritualidad? Según nos dicen los antropólogos, aquello que nos define como seres humanos es que tenemos una tendencia y una apertura a la trascendencia, a no conformarnos con las satisfacciones más inmediatas, a desear siempre un más allá. Esto es lo que llamamos «trascender», un verbo que abarca significados plurales, si bien todos apuntan a buscar más allá de la realidad inmanente concreta.

La espiritualidad sería una expresión de este «trascender». Como toda experiencia humana, la espiritualidad también se ve influenciada por el entorno cultural y, en concreto, por las religiones o las tradiciones de sabiduría, que son vehículos necesarios para vivir humanamente la espiritualidad. De ahí que ahora nos sea necesario precisar algunos conceptos como espiritualidad, religión, fe y creencias.

La espiritualidad de la persona humana es la tendencia a ultrapasar aquello que es material, y que nace de una vida interior consciente e inconsciente.

La religión se refiere y también apunta a una realidad superior, espiritual, y se expresa mediante un conjunto de elementos materiales tanto simbólicos como míticos, preservados en instituciones, en libros sagrados, en normas de conducta, en rituales y creencias, etc.

Las creencias y el acto de creer se dan en la actividad humana, tanto del niño como del adulto. Creer es aceptar una propuesta sin tener un completo conocimiento cognitivo que la certifique como verdadera. Sin creencias no habría vida psíquica. Las creencias están enraizadas en convicciones profundas. Normalmente se da una primera etapa de convicción y luego un proceso de verificación. Así, por ejemplo, las hipótesis científicas son unas creencias que, cuando se verifican, pasan a ser tesis. En el caso de las creencias religiosas, hay convicciones pero no verificaciones, y cuando se quieren demostrar las convicciones de manera objetiva es cuando se cae en la idolatría.

La fe, psicológicamente hablando, es una convicción basada en la confianza absoluta en Dios; en un Dios inefable que nunca podrá ser conocido del todo ni demostrado con una lógica racional. La fe es, pues, una creencia indemostrable, la más insegura pero la más convincente, porque es confianza puesta en el Misterio de Dios, que compromete y vincula.

Espiritualidad y psicología: dos funciones, una realidad

Partimos de la aceptación de que cerebro y mente son aspectos de una misma realidad; una realidad que es la que a los humanos nos posibilita entrar en relación con el entorno, con las personas, con Dios. Tenemos, pues, una sola y única mente para relacionarnos con Dios y con las personas, y podemos constatar que el camino evolutivo y de crecimiento que siguen las relaciones humanas, ya sea con Dios (experiencias espirituales), ya sea con las otras personas, son concomitantes.

Toda experiencia humana, incluso la más sublime, es psicológica, del mismo modo que toda experiencia humana necesita de la base neurológica. Pero la psicología del ser humano va más allá de las capacidades de los primates: la mente humana es capaz de intuir realidades que transcienden la realidad física. Es aquí donde ubicamos la «experiencia espiritual»: una tendencia específicamente humana de buscar un más allá de nuestra limitada experiencia, que no se puede medir físicamente. Pero, para que sea posible, es preciso una cierta disposición de madurez psicológica.

Los humanos crecemos evolucionando por fases de maduración psíquica, en un proceso continuo de maduración emocional y cognitiva a través de experiencias conscientes e inconscientes. Tenemos la capacidad de hacer conscientes los impulsos vitales inconscientes emocionales, conduciéndolos hacia objetivos seleccionados (por ejemplo, espirituales), lo cual nos permite pasar del egocentrismo instintivo al heterocentrismo trascendente. De ahí que tendamos hacia la religión, esto es, a ir creando una estructura humana (institución) con símbolos, mitos, ritos, libros sagrados o tradiciones que refieren a una inspiración espiritual inicial que se desea mantener.

Los procesos de maduración psicológica cognitiva-emocional y los procesos de maduración espiritual son concomitantes. Nos fijaremos en los pasos evolutivos de la maduración psicológica:

— El proceso se inicia con una separación: el corte del cordón umbilical que conlleva unas consecuencias tan importantes como la de sentirse privado de lo que era el soporte vital original. Aquí se vive una situación repentina e inesperada de abandono, y uno queda sumido en un caos vital de confusión y de falta de comprensión. Biológicamente, el centro respiratorio del bebé acusa falta de oxígeno, asfixia. Los cuidadores procuran, con mucha ternura, hacer más soportable la situación del bebé.

— Poco a poco el niño pasa de la situación de caos inicial a realizar intentos —externos e internos— para encontrar algo a lo que agarrarse, para comprender lo que está pasando. No lo consigue inmediatamente, y aparecen los miedos y temores. Este proceso es aún inconsciente. Ante estos temores se defiende escindiendo la realidad interna —caótica y temida— en «partes buenas y partes malas». Estas experiencias quedan inscritas y pueden ser revividas emocionalmente en la fase adulta, aunque con nuevos contenidos. La relación con los diversos aspectos de la realidad percibida es una relación parcial en cuanto escindida y, por lo tanto, se pierde el conjunto de la realidad que vive. Entonces la tendencia defensiva que aparece es la de identificarse con la parte buena, idealizándola, para así salirse de la realidad. Aunque también puede caer en la identificación con la parte mala; entonces queda sumido en un auténtico infierno del cual puede librarse gracias al soporte afectivo que pueda recibir de su entorno, de los cuidadores, etc. ¿No hace pensar esto en los movimientos dramáticos del adulto durante las «noches oscuras del espíritu»?

— Pasados unos meses, en los que este conflicto va evolucionando, el niño logra una comunicación con la realidad de manera ya no escindida y parcial, sino aceptándola toda entera. ¿Cómo se realiza este paso tan fundamental en la evolución del niño? Lo que acontece es que el niño empieza a aceptar y a tolerar las frustraciones (pérdidas, carencias, muertes parciales), lo cual es un paso para obtener una relación total con la realidad. Esta empieza a resultarle más satisfactoria que los placeres y gustos de menos valor para él y que obtenía mediante unas relaciones parciales insatisfactorias. Ahora el niño empieza a disfrutar de los valores «simbólicos» (la sonrisa de la madre, etc.) Es el paso del «principio del placer» al «principio de realidad».

— Esta función simbólica es la que está presente en el proceso que llamamos «hacer el *duelo*». En su camino de maduración, el niño ha llegado a tener experiencias espirituales simbólicas. Desarrollándolas, podrá apuntar hacia las experiencias *místicas* en la medida en que vaya aceptando optar por tender hacia las intuiciones de trascendencia específicas de los humanos y que nos permiten abrirnos a realidades no solo simbólicas, sino también a la realidad última, inefable, pero intuible.

— Aquí estamos ya ante la experiencia del Misterio, de aquello desconocido, pero percibido. Se trata de las experiencias de unión mística en las que la unión con el amado es percibida como una sola realidad (no dualidad), no confusa.

Podemos señalar tres pasos de maduración o crecimiento psicológico hacia la experiencia mística:

a) Un primer nivel «empírico», infantil, configurado por relaciones inmediatas y materializadas.
b) Un segundo nivel «simbólico o mítico», configurado por relaciones subjetivas significativas de valor superior.
c) Un tercer nivel «místico», configurado por la relación con el Misterio del inefable, en la que desaparece la percepción de dualidad: «Ya no soy yo quien vive, es Cristo quien vive en mí» (San Pablo).

Veamos ahora la importancia que tiene la comunicación interpersonal, ya sea verbal o gestual, en estos procesos psicológicos y espirituales, especialmente por lo que se refiere a los aspectos emocionales no conscientes.

En toda relación interpersonal se crea un campo intersubjetivo, es decir, un ámbito en el que se encuentran dos mentes, dos personas, que se esfuerzan por ajustarse la una a la otra (por ejemplo, la madre y el hijo, el acompañante y el acompañado, etc.). En este campo intersubjetivo cada uno puede reconocer al otro como un *self* equivalente al propio y, a la vez, diferente. Ahora bien, es el contexto en el que se encuentra la persona el que modifica las interacciones entre los dos, y esto ocurre desde el nacimiento hasta el final de la vida. Además, en el cerebro tenemos un sistema intersubjetivo de motivación, que se corresponde con la intersubjetividad (el esfuerzo de dos mentes para ajustarse una a la otra).

Todo esto nos prepara para el punto que nos interesa. Es el factor de la empatía, de la capacidad de darnos cuenta de lo que siente, teme o desea el otro con el que nos relacionamos, ya sea un paciente, un amigo o no, un familiar, etc. En sentido estricto, empatía es sentir y participar de los sentimientos del otro con el que me relaciono, y de saberme profundamente implicado. Y esto está relacionado con nuestras estructuras neurológicas.

El proceso del duelo, factor espiritualmente creativo

La palabra «duelo» contiene el significado de «dolor». El dolor es una señal de alarma, un síntoma ante una carencia o limitación corporal o mental. Cuando se asume ese dolor se produce lo que llamamos sufrimiento. Y en esto consiste «hacer el duelo», en asumir el dolor con el sufrimiento para buscar, tender o alcanzar, consciente o inconscientemente, un objetivo más valorado.

El proceso de duelo se realiza mediante la simbolización, de la que ya hemos hablado. El crecimiento en el duelo se puede dar cuando, gracias a la pérdida de un objeto amado, se abre la potencialidad creativa de otros objetos nuevos y diferentes, pero que han surgido como consecuencia de la pérdida anterior. Es lo que dice el Evangelio: «Si el grano de trigo no se entierra y muere...».

Desde el punto de vista espiritual, el duelo, que es psicológico, se realiza en diferentes niveles relacionales y emocionales de la persona:

— El nivel empírico, que es el nivel de la relación con las cosas materiales, palpables.

— El nivel simbólico, que es el nivel de la relación con el mundo de los valores, de aquello que subjetivamente significa más que el objeto material que lo ha producido.

— El nivel mistérico o místico, que es el nivel de la relación con aquello que trasciende nuestro conocimiento, que va más allá de lo que podemos entender; con el misterio, con aquello que intuimos y conocemos solo en parte, pero no tal como es. Dentro de este nivel mistérico podemos hablar de las noches oscuras del espíritu, que es una expresión del proceso de duelo. Lo que hay aquí es una búsqueda o intencionalidad, que tiende a identificarse con el objeto (el valor) de la alteridad (Dios), y que se va despojando, con sufrimiento, del propio egocentrismo, para llegar a una relación de unión con Dios.

Siendo el místico el nivel superior, este puede coexistir con los otros niveles inferiores. Así, uno puede hacer el duelo, doloroso, de la pérdida de un objeto amado y a la vez mantener la paz y la felicidad de orden trascendente.

La práctica de la religión y de la espiritualidad

El proceso evolutivo espiritual va desde el egocentrismo infantil para sobrevivir hasta la capacidad de amar al otro con amor generoso e incondicional.

Al principio, el niño busca por necesidad aquello que le da seguridad y placer para sobrevivir, y lo hace con un marcado egocentrismo. Su religiosidad es mágica: él puede condicionar a Dios portándose bien o mal. A medida que madura, el egocentrismo va cediendo en favor del amor hacia la alteridad, y si sigue el crecimiento personal madurativo, se dispone para llegar a tener un amor incondicional, trascendente, místico.

La religión se practica, en el nivel empírico, en acciones materiales, como en determinados cumplimientos rutinarios. También se practica en el nivel simbólico, por ejemplo, en los ritos litúrgicos, en las oraciones, en los sacramentos, en las normativas de conductas a seguir, etc. Todas estas prácticas religiosas tienen su origen y fundamento en el espíritu que las informa; de no ser así, pierden su valor, que es la mediación en la relación con la divinidad inefable. Si se realizasen para obtener seguridad de los «dioses», serían prácticas idolátricas.

En cambio, la espiritualidad se practica en el nivel mistérico o místico. No necesariamente incorpora una práctica religiosa. Se podría dar una espiritualidad sin religión. Pero como los humanos necesitamos vivir unitariamente, se irán incorporando, más o menos inconscientemente, expresiones empíricas y simbólicas personales o grupales que, dicho sea de paso, son compatibles y necesarias para la espiritualidad.

La fecundidad del fracaso: el duelo regenerador[2]

Plantearse la posibilidad de una fecundidad del fracaso nos remite a una pregunta inicial: ¿se trata de una formulación utópica? Sin embargo, descubrimos enseguida que tal pregunta conecta directamente con la lectura que puede hacerse del fracaso experimentado por Jesús durante su pasión y muerte, suscitada en los *Ejercicios espirituales* al decir: «Considerar como la Divinidad se esconde» [EE 196].[*] La pregunta sobre la fecundidad del fracaso nos lleva, pues, directamente a la cuestión de la humanidad de Jesús; una humanidad que puede ser considerada desde la antropología psicológica profunda. Se trata de la consideración del fracaso humano como posible fuente de creativa fecundidad.

Actualmente, la psicología profunda y la neurociencia nos ayudan a describir niveles de actividad y conciencia humana desconocidos. Y es que toda experiencia humana, hasta la más sublime e inefable, es vivida por cada persona desde su mente y, por lo tanto, a través de sus neuronas. Dios no es una realidad física, ciertamente, pero las intuiciones humanas trascendentes que apuntan hacia Dios están en nuestra realidad física inmanente.

Nos preguntamos, por lo tanto, sobre la fecundidad en el fracaso. Pero ¿de qué hablamos cuando nos referimos al fracaso? ¿Qué es propiamente el fracaso?[3] Ya sea en sentido social o individual, el fracaso puede ser considerado como algo objetivo; pero a la vez también desde un punto de vista subjetivo: se trata entonces de lo experimentado en el mundo interno de la persona, en su profundidad, y que puede ser asumido por ella.

De modo semejante ocurre con el éxito, entendido como algo opuesto al fracaso. Fracaso y éxito pueden formar parte de una

---

2   *Id.*, «La fecundidad del fracaso: el duelo regenerador», *Revista Manresa* 84, 2012, pp. 5-16.

*   Las referencia a los ejercicios espirituales han sido tomadas de la edición publicada por la editorial Proa en 1990. En adelante se indican como EE. (*N. del E.*)

3   Fracaso: romperse alguna cosa, destrozarse, hacerse añicos, con estrépito. Hacerse pedazos una cosa, una nave cuando topa y se estrella contra un escollo, pretensión o un proyecto.

misma realidad o proceso de elaboración. La escisión separadora absoluta entre éxito y fracaso, entre bueno y malo, es una dicotomía para eludir el doloroso proceso de hacerse cargo con madurez de una realidad que integra el sufrimiento con la búsqueda de una nueva y sólida satisfacción. Este proceso de elaboración pasa por el sufrimiento, pero conduce a la fecundidad. A este proceso lo denominamos «proceso de duelo». A él nos vamos a referir a continuación. Pero para poder comprender mejor a qué nos referimos al hablar del duelo, propondremos como base el proceso evolutivo de la psicología humana. En ese proceso debemos empezar por la afirmación de que existe una concomitancia entre proceso evolutivo psicológico y el proceso evolutivo de la vida espiritual. A partir de esta premisa podremos afirmar que en el duelo ocasionado por el fracaso (en el que se padece un despojamiento interno, un vacío interior debido a la pérdida o carencia del objeto amado) es posible que se genere y emerja una realidad nueva, trascendente, que apunta a una realidad de amor unitivo al que podemos denominar místico.

Concomitancia entre el proceso psicológico y el espiritual, en el desarrollo madurativo de la persona

Desde su inicio, la vida y la mente humana evolucionan creciendo en su dimensión cognitiva, emocional y espiritual. Se trata de un proceso en el que participa la vida biológica, la psicológica (tanto en su dimensión cognitiva como afectiva) y también la espiritual. Las tres dimensiones forman la unidad de la persona humana. Su maduración tiende hacia conductas específicamente humanas. Sus experiencias interiores pueden alcanzar niveles profundos e inefables.

En la evolución de este proceso de maduración de la vida psíquica debemos fijarnos en los aspectos cognitivos y conscientes del conocimiento, así como en los conductuales del proceso madurativo que es concomitante con la evolución madurativa de la vida espiritual. Es necesario poner de relieve los aspectos afectivos conscientes, pero también, y muy especialmente, los aspectos inconscientes, ya que en los aspectos afectivos inconscientes se fraguan las experiencias relacionadas con los niveles evolutivos superiores, trascendentes —el nivel místico—, que nos interesa destacar en este trabajo.

Debemos advertir que, contrario a lo que ciertos prejuicios puedan suponer, nuestra perspectiva antropológica no tiende a un reduccionismo psico-espiritual. Pretende, por el contrario, mostrar la unidad de la persona humana distinguiendo dónde acaba nuestro conocimiento empírico-simbólico de la realidad (mente-cuerpo) y dónde se vislumbra y percibe otra realidad mistérica de la trascendencia, sin que podamos entrar en su inefabilidad. Considero que podemos y tenemos que ir resolviendo los interrogantes de nuestra condición humana, a la vez que debemos reconocer y respetar el misterio inefable.

Grados o fases en el proceso madurativo

El proceso madurativo de la personalidad humana es evolutivo y se presenta como un *continuum* en el que hay niveles de evolución. Se va progresando hacia experiencias cada vez más específicamente humanas. En ese proceso nos encontramos con la dialéctica displacer-satisfacción, en la que va ganando terreno la calidad estimativa con predominio del despojamiento del placer egocéntrico. Se abandonan progresivamente aspectos narcisistas en favor de la satisfacción obtenida por la estimación de la alteridad. Y esa evolución puede llegar hasta niveles en los que el gozo ya no es fruto del diálogo (y, por lo tanto, de un planteamiento dual), sino propiamente de la identidad (por lo tanto, no dual). Ese proceso llega hasta alcanzar un *substratum* con posibilidad de experiencias sublimes, de experiencia mística.[4]

4 Según A.J. Deikman citado por Rubia, los fenómenos místicos se producirían en estructuras neurológicas por un proceso de desautomatización inconsciente que consiste en la supresión, de manera temporal, de las funciones analíticas del hemisferio cerebral izquierdo. El estilo de percepción intelectual del hemisferio izquierdo es reemplazado por un modo perceptivo pasivo propio

En una primera fase, y ya desde el momento del nacimiento, acabada una vida placentera en el vientre materno, el bebé se encuentra lanzado de pronto en un nuevo entorno que siente como intemperie hostil, cuando no agresiva. Le han cortado el cordón umbilical, el suministro de oxígeno, también la alimentación y, lo que es peor, no puede prescindir del contacto emocional afectivo del cuerpo de la madre. Es su primer fracaso. Otto Rank denomina ese momento tan crucial de la existencia humana —del que, dicho sea de paso, cognitivamente no recordamos nada— el «trauma del nacimiento». Con mucha avidez, el bebé intenta reestablecer vínculos inmediatos de supervivencia gracias a los cuidados que siguen ofreciendo nuevas relaciones afectivas, todas ellas con un predominio corporal sensorial. No percibe conscientemente todo lo que sucede, pero su afectividad inconsciente está procesando nuevas realidades afectivas gratificantes o, por el contrario, rechazables, que marcarán en parte su experiencia emocional en el futuro. Así lo confirma actualmente la neurociencia, y así lo expone el neurólogo y premio Nobel de Medicina Eric Kandel. Una primera reacción para protegerse de sus temores inconsciente lleva al bebé a percibir que la realidad escindida o es toda buena o es toda mala. Puede elegir quedarse con la buena (a través de un proceso de idealización irreal) o rechazarla (a través de una demonización irreal). Si no predominaran las situaciones gratificantes del exterior (una madre que acoge, unos cuidadores, etc.), su instinto vital no sería suficientemente intenso como para superar la carencia o pérdida afectiva que experimenta.

El impulso vital necesita buscar un objeto de satisfacción que irá variando en calidad a medida de la madurez del sujeto. Al principio se conformará con satisfacciones corporales, bucales o

del hemisferio derecho. Con lo cual se gana en intensidad y riqueza perceptiva al haber suprimido las categorías abstractas y las estructuras cognitivas automáticas del hemisferio izquierdo, dando paso a un tipo de conciencia holística característico de las experiencias místicas. Se perciben aspectos de la realidad interior que normalmente estaban filtrados. Este proceso no es una regresión a la infancia, antes bien, supone ganar un nuevo tipo de conciencia en el adulto. Cf. F.J. Rubia, *La conexión divina*, *op. cit.*, pp. 168-171.

de la piel, pero luego serán satisfacciones de predominio psíquico que adquirirán para él una calidad superior. Poco a poco irá entrando en otro grado o fase de evolución madurativa, y a diferencia de la fase anterior, en la que percibía la realidad de manera parcial, su conocimiento afectivo-cognitivo de la realidad se abrirá ahora a reconocer que la realidad no es parcial y escindida, es decir, o solo gratificante o solo dolorosa (así es el principio de placer que elige solo lo que place), sino que en una misma realidad puede darse el gozo junto al dolor, y aún más, que el dolor sufrido y aceptado se convierte en camino hacia un gozo mayor. Se avanza así hacia la capacidad de crear símbolos, de pasar de la valoración afectiva-cognitiva de una realidad material a una realidad de mayor calidad, como ocurre cuando el niño elige la sonrisa de la madre gratificada por la renuncia que ha hecho de sus impulsos de rabia al no obtener lo que le daba placer: la papilla que tan ansiosamente estaba esperando. Con la creación de símbolos, el niño está entrando en el proceso de elaboración del duelo, proceso que lo conduce a asumir las pérdidas o fracasos dando paso a nuevas posibilidades de vida. Estas posibilidades de apertura a la vida, a partir de los duelos, son concomitantes con los procesos seguidos en la vida espiritual.

La elaboración del duelo: bases para la compresión del proceso de crecimiento madurativo personal

Pero detengámonos en el proceso de elaboración del duelo para ver posteriormente la concomitancia con el proceso del duelo espiritual.[5] La palabra duelo tiene implícito el significado de

---

5 Veámoslo en un ejemplo a modo de parábola: el niño está esperando comer su papilla con avidez; ante esta carencia necesitaría renunciar a su pulsión instintiva de placer en espera de la comida, pero no lo hace y grita y llora en espera de la comida. Su madre entra con la papilla, pero con tono disgustado. El niño lo percibe. Pero un día el niño es capaz de percibir el significado de la sonrisa de la madre símbolo del afecto positivo de la madre hacia el niño. Esa sonrisa gratifica más al niño que el placer de la papilla. El niño aprende que la renuncia dolorosa a su pulsión instintiva ha sido el desencadenante, el origen

dolor,[6] pero se trata de un dolor asumido y un dolor que produce sufrimiento.

No podemos obviarlo: el sufrimiento humano es ineludible en el crecimiento madurativo emocional. Dicho sufrimiento no es malo en cuanto que puede provenir o puede ser origen de una experiencia de mayor amor. Sufrir por el otro sin contar con uno mismo, solamente por el otro, supone vaciarse de uno mismo para que emerja la tendencia del amor trascendente. La idea de duelo nos remite a un proceso de reparación ante una pérdida o carencia, ante un fracaso. Pero un fracaso asumido y soportado con sufrimiento y que puede conducir a una recreación de la vida, una vez asumida la pérdida del «objeto» causante del duelo.[7] El objeto causante del duelo es lo que se ha perdido, aquello con lo que se había establecido una interiorización y una vinculación mental. Pero es importante hacer notar que, para que se produzca el duelo, se precisa cierto grado de maduración psicológica. Difícilmente los niños hacen duelos. En general, ignoran las pérdidas de seres queridos, se hunden ante la incapacidad de asimilar la magnitud de la pérdida. Se puede ya adivinar que el proceso de elegir desprenderse del egocentrismo en favor de una donación hacia el bien (el amor) del otro, es un acercamiento a la verdadera libertad humana.

---

de una satisfacción mayor. Ha pasado sin saberlo de una realidad empírica a una realidad simbólica que se produce en su mundo interno. Ha tenido que «elegir», arriesgándose, al decidirse por una realidad superior, superior a su pulsión egocéntrica hacia el objeto de placer. Y tal vez ha aprendido que ha asumido ese sufrimiento, llevado del agradecimiento hacia su madre a la que no solo necesita, sino también a la que quiere porque ella es buena. Así, el amor simbólico hacia la madre lo podrá ir llevando hacia un amor trascendente, pasando por sucesivos procesos de duelo, de renuncias con sufrimiento generador de vida y creatividad por una motivación consciente o inconsciente.

6 Entendemos por «dolor» un síntoma o señal de alarma necesaria para advertir del peligro o negatividad que se ha producido corporal y psíquicamente. El dolor puede ser físico o moral. Cuando es asumido, el dolor genera sufrimiento. El sufrimiento se da al asumir el dolor. Hacer el «duelo» es tener un objetivo superior; no estar deprimido.

7 No hablamos de «objeto» en el sentido de una «cosa», sino de alguna realidad que se ha interiorizado en la mente.

Veamos algunas características fundamentales del duelo:

- El duelo se origina ante la pérdida personal o social de personas, cosas o representaciones mentales que ponen en marcha reacciones afectivo-cognitivo-conductuales.
- Hay una evolución del dolor frente al sufrimiento.
- Se asume la pérdida con manifestaciones mentales y psicológicas, en especial las afectivas: pena, tristeza, aflicción, e incluso molestias somáticas.
- El factor psicológico social del duelo se manifiesta en un proceso de cambios adaptativos psicológicos y sociales.
- La elaboración del duelo se produce por un proceso psicológico inicialmente inconsciente, aunque se pueda conducir conscientemente a partir del impacto afectivo-cognitivo, y dirigirlo hacia la aceptación de la nueva realidad interna y externa. Dicha elaboración puede ser personal o social, según los casos.

En cualquier caso, no debemos perder de vista que el duelo es personal. Se produce al perder algún objeto externo que había sido interiorizado como objeto interno. Si el objeto externo, ya interiorizado, era amado, se produce una identificación del sujeto que sufre la pérdida (identificación introyectiva) con el objeto que se ha perdido o dañado.[8]

Los otros objetos internos buenos del sujeto que sufre el duelo se unen al objeto bueno perdido. Y aparece la tendencia a reparar que proviene de la gratitud hacia el objeto bueno inicial del sujeto, objeto inicial que puede ser el objeto materno de la madre, de los cuidadores, etc. Este objeto es capaz de transformar los sentimientos negativos de culpa que puedan existir, gracias a la aparición de tendencias reparadoras. Con ello aparece nueva vida. Se trata, por lo tanto, de un proceso de creatividad. Este proceso de maduración o asimilación tiene su duración. Además,

8 Por «identificación introyectiva» se entiende el proceso de interiorización del objeto y su asimilación total o parcial por parte del sujeto hasta llegar a ser como el objeto interiorizado, hasta identificarse con él.

requiere capacidad de tolerancia ante la frustración y una actitud de «ambivalencia» ante la realidad.[9]

Simbolización y mística en el proceso de duelo

Para que el proceso de duelo sea saludable y no se convierta en un proceso complicado, incluso patológico, se requiere una persona con cierta madurez, es decir, que acepte la realidad (ambivalencia) y que tenga también capacidad de simbolización.

Hemos visto que, en el proceso evolutivo de maduración, la transición a una fase de mayor calidad se manifiesta en la capacidad de simbolizar, una capacidad básica para que se dé el proceso de elaboración del duelo. Pero ¿qué significa simbolizar desde el punto de vista psicológico?

Cuando se experimenta la pérdida o muerte de aquello que ha sido amado, el sufrimiento por lo perdido aumenta y crece cuanto más amado haya sido. Cuando el objeto perdido y amado ha sido incorporado a la mente, de la realidad mental-neuronal, este objeto perdido en la realidad externa sigue interiormente en la mente del que hace el duelo, sigue vivo y creciendo, y se convierte en un símbolo. ¿Cómo? En ese proceso desempeña un papel básico la identificación de amor con el objeto perdido, ahora simbolizado, que puede adquirir una valoración de nivel superior. Esto posibilita, no sin profundo sufrimiento, dar el impulso para asumir el desprenderse del objeto que se ha perdido o abandonado abriendo paso a una nueva vida, como si de un parto se tratara. Así, aquello perdido es reparado creativamente, de un modo nuevo, en el interior del que hace el duelo. Y no solo en el interior, también se traducirá en la actividad externa y en la conducta.

---

9 «Ambivalencia» significa que un mismo objeto (una realidad cualquiera de la vida) puede ser integrado en la misma persona en su parte satisfactoria y en su parte frustrante. Requiere una maduración personal capaz de captar la realidad tal como es (el objeto «total»), adultamente, y no escindida («objeto parcial») como se hace en las primeras fases de la vida. Así se llega a la aceptación de la nueva realidad después del duelo. El sufrimiento que conlleva este proceso es como un signo de que el duelo ha seguido un camino reparador.

Entramos así en el nivel de duelo que se produce en el proceso: la experiencia mística, en la que el sufrimiento nace del vacío por la pérdida del objeto amado, del despojamiento total de los objetos egocéntricos. Es un vacío revelador de una realidad que estaba oculta y que solo se ha desvelado gracias al sufrido proceso del perderse, del vacío. «Tanto se aprovechará en todas cosas espirituales, cuanto saliere de su propio, amor, querer e intereses» [EE 189].

Duelo en el fracaso: el fracaso fuente de fecundidad

Ante una situación de fracaso se pone en marcha un proceso psicológico, ya sea para hundirse o bien para restaurar y renacer con mayor potencia cuando el fracaso es asumido. Asumir el fracaso significa aceptar las pérdidas o carencias que aparecen como una negación de vida, pero que contienen la posibilidad potencial de nueva vida, de crecimiento, de maduración personal. En definitiva, de creatividad humana, base de la evolución personal y social. En nuestra cultura, el fracaso es vivido como una pérdida de prestigio y poder. Pero si consideramos el fracaso como un desencadenante del proceso de duelo y que el duelo puede ser elaborado saludablemente, podremos descubrir que el fracaso puede ser fuente de fecundidad. Fracasar no significa necesariamente ser un fracasado. Para ello, el fracaso debe ser fuente de vida, fuente que se abre paso dolorosamente. Al abrir la fuente no se desea el dolor de abrirla, sino el agua viva que mana de ella. El fracaso puede conducir a un proceso de duelo personal o social. Los procesos personales de duelo, considerados fracasos, ocurren cuando hay factores sociales adicionales. En ese caso, la magnitud del fracaso se determina no solo por la proporción del suceso externo, sino también por el significado personal, interior, de la pérdida o destrucción.

En el ser humano hay distintos niveles para responder a la necesidad reparadora de llenarse de vida cuando surge un vacío. Puede darse en:

— El nivel sensorial, que busca sedar el sufrimiento del hambre con el objeto que dará placer. El estómago vacío siente hambre dolorosa que se sacia con alimento y la buena digestión produce placer.

— El nivel afectivo, que quiere salir del sufrimiento de la tristeza hallando un objeto querido. No solo recuperar el objeto perdido, sino vivir una realidad nueva, distinta.

— El nivel místico, nivel de amor humano trascendente. A partir del vaciamiento total se siente sed de amor que busca y tiende a gustar la plenitud del amor (de las noches oscuras del espíritu a la plenitud de unión).

La escala de valoración o de calidad entre los distintos niveles va desde lo más empírico (sensorial) a lo simbólico (afectivo) y a lo místico (trascendente). La intencionalidad del que vive el duelo apunta hacia uno de esos niveles. Cuando se apunta al nivel místico, con su vaciamiento total y su plenitud, estamos en aquel nivel en el que tiene lugar el tema de los ejercicios espirituales de san Ignacio: «considerar cómo la divinidad se esconde».

Finalmente, apunto aquí una conexión: sabemos que hubo momentos de fracaso en la vida de Ignacio, y presumibles procesos de duelo que tuvo a lo largo de la vida, con sus consiguientes sufrimientos, para asumirlos, e incluso para buscarlos por amor hasta el final de su vida. Esto nos ayuda a comprender lo que se propone en los ejercicios cuando pide «ser tenido y estimado por loco». A modo de viñeta ilustrativa de la vida de Ignacio recordemos la herida de Pamplona; las penitencias de Manresa, que abocan a penosas crisis de escrúpulos, hasta que encontró salida; las persecuciones en Salamanca; las negaciones del papa Pablo IV a sus propuestas, etc.

Y aún más. Podemos señalar relatos de la pasión de Jesús que son la más elevada expresión de fracaso humano: Getsemaní, el final de su vida. Imaginemos que un lector, totalmente ajeno a la cultura e información cristiana, leyera la vida de Jesús en el evangelio de Marcos hasta el momento de su sepultura. No es difícil pensar que lo consideraría un hombre excepcional, genial, pero humana y rotundamente fracasado en su proyecto.

«Considerar cómo la divinidad se esconde»: del vacío a la trascendencia mística

Llegamos al punto deseado, mostrar lo que Ignacio propone en un sentido espiritual y místico en el texto que analizamos. «La Divinidad se esconde» responde a una realidad antropológica profunda, generadora de nueva vida y no de muerte.

En los ejercicios se manifiesta la conveniencia de sentir el duelo en las expresiones de dolor y sufrimiento en la búsqueda de la identificación con Jesús. Ignacio propone en la tercera semana buscar el sufrimiento, indecible, de Jesús, que luego en la cuarta semana se transformará en gozo inefable. Dice en el quinto punto de la tercera semana: «Considerar cómo la Divinidad se esconde; como deja padecer la *sacratissima* humanidad» [EE 195], y en el tercer punto: «Cristo nuestro Señor padece en la humanidad, quiere padecer» [EE 195]. Ya antes, en el tercer preámbulo de la tercera semana, se pide «demandar lo que quiero: dolor, sentimiento y confusión porque por mis pecados va el Señor a la pasión» [EE 193].

Se abren interrogantes: ¿Por qué la Divinidad se esconde y deja sufrir a Jesús? ¿Por qué Jesús mismo quiere padecer? ¿Es bueno que padezca la humanidad, o sea, el hombre? Parece que Ignacio piensa que Dios deja padecer a la humanidad de Cristo y que Cristo quiere padecer, pero ¿podrá ser bueno para la humanidad padecer?

Ignacio ve a la Divinidad y a la humanidad de Cristo aceptando y queriendo el sufrimiento, el padecer. No a fin de destruir, sino de engendrar humanidad. ¿Puede cobrar aquí algún sentido, humanamente, considerar que padecer, sufrir, sea una instancia portadora de vida y gozo?

A esto intenta responder la psicología profunda actual desde la comprensión del ser humano. Lo acabamos de describir en la exposición del proceso de duelo: la humanidad, en su proceso vital, supone sufrimiento para seguir creciendo creativamente. El dolor humano y el consecuente sufrimiento son indicadores de que algo se pierde o se hunde, pero al mismo tiempo, y en la medida en que puede ser aceptada la pérdida, de que se genera una nueva realidad, de que se crea algo nuevo, pero siempre en la medida en que es asumida la pérdida.

Parece que Jesús hombre, en Getsemaní, intentaba asumir todo el fracaso humano de su misión en aquellos momentos. Su perspectiva es inimaginable. Los evangelistas intentan transmitirlo: la pérdida, el vacío que experimentaba era total. ¿Qué lo motivó a asumir el fracaso? ¿Qué lo movió a aceptar el duelo de un sufrimiento humanamente incomparable? Se nos escapa hallar respuestas solo inmanentes. No somos reduccionistas. Solo nos queda admitir que en Jesús se abre un abismo de fe, la fe que es una confianza total absoluta de amor al Padre. Según nuestras categorías humanas psicológicas, estamos ante el nivel místico: la motivación trascendente del amor.

Los místicos solo pueden describir, no explicar, lo inefable de estas experiencias, las noches oscuras del espíritu con sus ansiedades y sufrimientos. Solo se sobrevive a ellas por la oculta atracción del imán del amor, del corazón, que nunca muere. El duelo de Jesús, al que solo analógicamente podemos acercarnos, nos abre, sin embargo, desde nuestra perspectiva psicológica, a la comprensión del valor creativo que puede tener el sufrimiento ante el fracaso si es asumido con amor.

¿Por qué Ignacio propuso desear sufrir con Cristo? Yendo más a las raíces, ¿qué motivó a Jesús a asumir el duelo inconmensurable de su fracaso? Ignacio debió de intuir que el amor a la humanidad, amada y perdonada hasta el extremo, daba la medida del amor a la persona humana. Jesús elige aceptar y sufrir el duelo por la humanidad, duelo que es proceso de crecimiento que despliega su fecundidad en la resurrección. Es el amor incondicional a los humanos la única medida que nos permite vislumbrar la fuerza del misterio. La clave hermenéutica ignaciana de la Divinidad que deja sufrir a la humanidad nos abre a la revelación de una experiencia más profunda de Jesús que se manifiesta en un amor trascendente, no expresado en omnipotencia sino en la humanidad encarnada por Jesús que escoge el sufrimiento como vehículo del amor, renunciando a los éxitos engañosos de las omnipotencias.

Hemos pretendido ilustrar este proceso espiritual con el correlato antropológico descrito, en el que el crecimiento madurativo psicológico intenta superar las omnipotencias infantiles, narcisistas, evolucionando hacia un amor trascendente, específicamente humano. El fracaso puede ser, pues, desvelador de la naturaleza del ser humano, que va madurando, superando el sentimiento infantil de omnipotencia, haciéndose capaz de alcanzar intuiciones afectivas y entregas amorosas de mayor calidad humana, trascendentes, de confianza en el amor incondicional, en su destino de amor. Se han tenido que superar, no sin esfuerzo y sufrimiento, las autosatisfacciones que ofrecían seguridades engañosas, aparentes, y que velaban los ojos internos e impedían captar la realidad trascendente de Jesús, de su misma naturaleza humana y divina.

Conclusiones

El proceso al que se llama duelo pasa por el sufrimiento que acompaña el fracaso y puede conducir a la fecundidad.

El duelo se produce de manera evolutiva, a través de la capacidad potencial del sujeto que ha experimentado pérdidas o fracasos, y lo conduce a generar nueva vida. Para que el sujeto realice la transformación emocional creativa y operativa del duelo debe existir, consciente e inconscientemente, una potente motivación para renunciar a satisfacciones egocentradas, camino hacia una satisfacción de calidad superior, de orden amoroso que puede alcanzar el nivel mistérico (místico).

Esta es nuestra lectura antropológica para ayudar a comprender lo que significa, en la tercera semana de los ejercicios, la expresión de Ignacio «considerar cómo la Divinidad se esconde». El deseo y la petición de buscar sufrir con Jesús es básico en la evolución de la capacidad potencial humana que tiende a transformar los niveles de estimación, desde los más egocéntricos, pasando por los más específicamente humanos de amor a la alteridad incondicional, hasta alcanzar la utopía del amor total unitivo.

La depresión en la vida espiritual: desolaciones[10]

Sabemos que hay una sola realidad en la persona y que puede expresarse mentalmente, corporalmente o espiritualmente. Esta realidad puede ser vivida en un momento de depresión. Se trata de una situación de conflicto y también de posible camino de transformación, ya sea de manera consciente o inconsciente, que afectará de distinta forma al cuerpo, a la mente y al espíritu. De ahí que hablemos de depresiones mentales, de depresiones somáticas y de depresiones espirituales, que se conocen con el nombre de desolaciones.

Encontraremos aspectos comunes entre las depresiones espirituales y las mentales, pero también aspectos diferenciables, especialmente en una de las desolaciones, la más peculiar y paradigmática: la noche oscura del espíritu. Así, trataremos de abordar el análisis de las depresiones y las desolaciones, considerando sus aspectos comunes y diferenciales.

Comenzaremos por la fenomenología o sintomatología (síntomas depresivos frente a desolaciones), así como sus causas y efectos. Luego pasaremos a ver algunas aplicaciones en la vida espiritual personal (por ejemplo, culpa y perdón; duelos reparadores y duelos no aceptados).

Antes de empezar conviene clarificar una cuestión. Podemos agrupar las depresiones (y también las desolaciones, de alguna manera), vistas en toda su complejidad sintomática y causal, en depresiones saludables, depresiones menores o complicadas y depresiones patológicas (psicóticas).

Supuesto esto, podemos decir que por «desolación espiritual» se suele entender el fenómeno de tonalidad afectiva negativa que expresa justo lo contrario de la consolación, que, en palabras de san Ignacio, es: «Todo aumento de esperanza, fe y caridad y toda alegría *(laetitia)* interna que llama y atrae a las cosas celestiales y a la propia salud de su ánima quitándola y pacificándola en su

---

10   Cf. J. Font, «La depresión en la vida espiritual: desolaciones» [ponencia sin publicar], VIII Jornada de reflexión de la Fundació Vidal i Barraquer, Barcelona, Fundació Vidal i Barraquer, 2008.

Criador y Señor» (F.E. 316). Por lo tanto, por sí misma, la desolación hace referencia al sufrimiento ocasionado por la separación o pérdida del amor de Dios, que ha sido responsablemente pospuesto, al entregarse uno libremente a los propios gustos y egocentrismos. Esto no quiere decir que la desolación deba tener un componente psicológico enfermizo. El modelo o ejemplo de esto es precisamente la desolación de la noche oscura del espíritu. Esta sería una depresión saludable. Lo que pasa es que en el mismo proceso de la desolación se juntan a veces otras dificultades psicológicas personales que hacen que esta desolación pase de ser una depresión saludable a una complicada o incluso patológica.

Depresiones y desolaciones

Empecemos con la descripción fenomenológica de las depresiones y desolaciones para luego ver sus causas o desencadenantes y, por último, sus efectos o beneficios posibles.

Fenomenología

Depresiones

Los síntomas fundamentales son: pérdida de satisfacción e interés por la vida; tristeza, sensación de vacío, desesperanza, sentimiento de culpa, pereza, bloqueo y pasividad, aparición de pensamientos de muerte, mirada a un presente doloroso y sin futuro, estado de agitación, angustia y confusión. A nivel corporal: insomnio, llanto, desgana, astenia, migraña, vértigos. Hay que remarcar que en las depresiones narcisistas predomina una sintomatología negativa fluctuante, con sentimiento de fatiga, incapacidad para seguir una tarea concreta, frustración no superada y a veces no concienciada. Por su parte, en las depresiones psicóticas la oscuridad es absoluta, el sentimiento de vacío es total, y se puede llegar a una «muerte mental».

Desolaciones

Los síntomas están muy bien descritos en las reglas de discernimiento que ofrece san Ignacio en el EE 317: «Oscuridad del ánima, turbación en ella, moción a las cosas bajas y terrenas, inquietud de varias agitaciones y tentaciones, moviendo a infidencia, sin esperanza, sin amor, hallándose la persona toda perezosa, tibia, triste y como separada de su Criador y Señor».

Causas o desencadenantes

Depresiones

Toda depresión tiene un componente causal psicológico, reactivo, ante un conflicto (una pérdida, una carencia, etc.) consciente o inconsciente. Y tiene también un correlato biológico que, en algunos casos, puede ser el componente más importante, si bien nunca exclusivo. Estas causas o desencadenantes pueden ser conflictos vitales personales no resueltos, pérdidas o carencias, alteraciones biológicas.

Desolaciones

Sus causas se relacionan con la pérdida o el alejamiento del amor de Dios, lo cual, según san Ignacio, a su vez se puede deber a un mal uso de la propia libertad (tibieza, negligencia, pereza en el cultivo de la relación con Dios, EE 322), al hecho de «ser probado a fin de ver para cuanto somos sin tener consolaciones y gracias» o, por último, para tener un conocimiento verdadero e interno de que no depende de nosotros tener devoción, amor intenso o consolación, ya que todo esto es don y gracia de Dios y, por lo tanto, no nos lo podemos atribuir, de manera soberbia o por vanagloria, a nosotros mismos: es preciso aceptar los propios límites y reconocer que no tenemos gozo verdadero sin Dios.

Efectos y beneficios de las depresiones

Toda depresión y desolación supone un conflicto, consciente o inconsciente, que solo se puede resolver mediante un proceso de elaboración que llamamos duelo. Cuando este proceso se puede realizar, los beneficios psicológicos que se obtienen son notorios. En cambio, cuando el duelo no se puede elaborar lo que acontece es un bloqueo en el crecimiento madurativo personal. En el caso de las desolaciones, a pesar de que por sí mismas tienen un signo afectivo negativo y no deseable, suponen también una posibilidad de crecimiento espiritual si son acogidas como una señal o aviso de una deficiencia de amor en el espíritu y, por lo tanto, de una necesidad de maduración en la propia capacidad de desarrollar el amor. Si nos fijamos en la maduración espiritual, ¿no es el proceso de las noches oscuras —grandes o pequeñas— del espíritu uno de los signos que nos muestra una maduración espiritual que se va logrando mediante una lucha ascética (entendiendo por ascesis el «ejercicio de subir, de crecer») de desprendimiento de los propios «gustos» y egocentrismos para alcanzar el amor unitivo con el Dios Amor?

Algunos casos de desolación en la vida de cada día para trabajar

Culpa y perdón

Supongamos que he ofendido maliciosamente a otra persona: ¿Siento el sufrimiento causado y del que soy culpable, me sabe mal por la otra persona? ¿O por Dios que está en ella? ¿O por mí, por mi amor propio que ha quedado herido? ¿Me siento desolado y, por lo tanto, desde un sentir espiritual? ¿Siento que he de reparar la ofensa que he infligido? ¿Desaparece entonces la desolación espiritual? ¿Sé perdonarme a mí mismo (me quiero a mí mismo a pesar del mal que he hecho)? ¿Puedo llegar a sentir que la otra persona desea ser amada? ¿Puedo llegar a sentirme perdonado, amado por el otro (es decir, espiritualmente consolado)?

Podemos suponer también el caso contrario. Es la otra persona la que me ha ofendido maliciosamente: ¿Eso me ha causado desolación, como si esa persona me estuviera castigando espiritualmente, «en nombre de Dios»? ¿Me siento en disposición de perdonarla tal y como yo quisiera ser perdonado?

El caso de las jubilaciones

«Jubilaciones» en el sentido de un hecho psicosocial que ha generado una depresión reactiva a raíz de una determinada pérdida que ofrecía «objetos amados» (trabajo, personas y relaciones, estímulo y creatividad) y que no se sabe superar de cara a obtener el beneficio de una satisfacción no egocéntrica, sino de alteridad (por ejemplo, sentirse útil o necesario para los demás).

Los afectos en desolación y en consolación: lectura psicológica[11]

Desolación frente a consolación

Consideramos la desolación como una experiencia psicológica afectiva y la estudiaremos desde el punto de vista de la psicología psicoanalítica. Desolación y consolación son expresiones de un *continuum* de la experiencia afectiva. Experiencia afectiva centrada en la transformación de la persona y que supone pasar de una situación con acento negativo, de ausencia, pérdida, defecto o carencia, a una situación nueva y positiva de reparación y encuentro satisfactorios.

---

11   J. Font, «Los afectos en desolación y en consolación: lectura psicológica», en J. Alemany y J.A. García Monge (eds.), *Psicología y ejercicios ignacianos*, Santander, Mensajero/SalTerrae, 1996.

Desolación y depresión ¿son sinónimos?[12]

Desolación es el término usado por Ignacio en los ejercicios. Depresión es un término de la psicología clínica y psicoanalítica. La desolación es una situación afectiva que desde la perspectiva psicológica nos parece análoga al fenómeno de la depresión no solo por sus manifestaciones, sino también por su génesis psicológica afectiva, sin que el origen psicogenético agote las posibles causas de la depresión que, en algunos casos, puede tener un origen principalmente orgánico. Y mucho menos el término depresión agota la complejidad de la desolación, de la que únicamente conocemos la manera de producirse, pero no los determinantes últimos. Debemos afirmar el hecho de una única realidad psicológica para cada persona humana, que da soporte a cualquier relación interpersonal, ya sea de tipo social, laboral, familiar o incluso con Dios. Todo síntoma depresivo, y también la desolación, es expresión de una dificultad que hay que resolver. El síntoma expresa el desajuste, es la señal que avisa y alerta del peligro y pide que se ponga la debida atención.

Fenomenología

Vamos a proponer un análisis de la desolación cotejándolo con el análisis de lo que en clínica entendemos por depresión, luego ofreceremos la interpretación psicoanalítica posfreudiana de la depresión para, por último, intentar acercarnos a la comprensión psicológica de la desolación y la consolación.

Descripción de la depresión

La depresión abarca un amplio conjunto de síntomas que pueden emerger de diferentes causas y dar lugar a situaciones muy diversas, desde un malestar vital insoportable, que puede llegar a

12 *Ibid.*, pp. 141-153.

conducir a la destrucción mental e incluso física, hasta una sana tristeza y culpa reparadoras. La sintomatología esencial de un episodio depresivo consiste en un estado de ánimo deprimido que se manifiesta en quien lo experimenta por la pérdida de interés o satisfacción de parte de la vida o de toda ella, una pérdida de deseo que acarrea que las actividades del trabajo o del ocio dejen de motivar. Al no experimentar ningún placer, el deprimido considera que la posibilidad de alegría o de satisfacción le está vetada por completo. Y, con esto, experimenta profundos sentimientos de desesperanza.

Hay sentimientos excesivos o inadecuados de culpa o inutilidad. Ideas de muerte recurrente o de suicidio. La dificultad de pasar a la acción inhibe cualquier iniciativa. Todo parece insuperable, incluso los actos más simples de la vida ordinaria. La percepción del tiempo es muy peculiar; al deprimido le resulta imposible concebir la anticipación. Vive un presente doloroso en el que no ve futuro alguno. La pérdida de la propia estima puede ser más o menos intensa, pero se padece en todos los casos. Tanto en el plano motor como en el de la formación de las ideas se observa un retraso en relación con la actividad normal, así como falta de concentración y dificultad para tomar decisiones. Si el deprimido es consciente de ello, solo servirá para empeorar la situación.

Es muy típico el insomnio; a veces en medio de la noche y en la madrugada, acompañado de un estado de conciencia penoso. Pero también puede haber hipersomnia. Es frecuente el llanto y la tristeza del rostro y del gesto. Entre las manifestaciones corporales, a menudo se da pérdida del apetito y en ocasiones de peso, así como una astenia que inhibe el esfuerzo, y la disminución de la libido.

Descripción de la desolación

Transcribiremos aquí algunas de las expresiones que se encuentran en los *Ejercicios espirituales* para expresar el malestar afectivo o mental que puede acompañar a las mociones en el movimiento de espíritu, así como los sentimientos de tonalidad depresiva (dolor, tristeza, culpa, pena interna…) que son buscados y pedidos como mediación para alcanzar la identificación y el seguimiento de Jesús:[13]

- «Demandar pena, lágrimas y tormento con Cristo atormentado […], demandar vergüenza y confusión de mí mismo» (EE 48).
- «El coloquio se hace […] culpándose por algún mal hecho» (EE 54).
- «Pedir crecido e intenso dolor y lágrimas de mis pecados» (EE 55).
- «Para que, aborreciendo, me enmiende y ordene» (EE 63).
- «Pedir interno sentimiento de la pena que padecen los dañados» (EE 65).
- «No querer pensar en cosas de placer y alegría […] para sentir pena, dolor y lágrimas por nuestros pecados […] trayendo más en memoria la muerte, el juicio» (EE 78).
- «Yo quiero y deseo […] de imitaros en pasar todas injurias y todo vituperio y toda pobreza así actual como espiritual» (EE 98).
- «Pasar oprobios e injurias por más le imitar» (EE 147).
- «Cuando […] sentimos afecto o repugnancia […] mucho aprovecha para extinguir el tal afecto desordenado pedir (aunque sea contra la carne) que el Señor le elija en pobreza actual» (EE 157).
- «Quiero y elijo más pobreza con Cristo pobre que riqueza, oprobios con Cristo lleno de ellos que honores, y desear más de ser estimado por vano y loco por Cristo que sabio no prudente en este mundo» (EE 167).
- «Demandar lo que quiero […] dolor con Cristo doloroso, quebranto con Cristo quebrantado, lágrimas, pena interna» (EE 203).

---

13 Anticipamos ya que todo malestar afectivo espiritual no es necesariamente malo, antes bien, puede ser deseable e incluso puede ser pedido y provocado con buenos fines.

- «En las personas que van de pecado mortal en pecado mortal [...] el buen espíritu usa [...] punzándoles y remordiéndoles las conciencias» (EE 314).
- «En las personas que van intensamente purgando sus pecados [...] de bien en mejor subiendo [...] entonces propio es del mal espíritu, morder, tristar, poner impedimentos inquietando» (EE 315).
- «Llamo desolación [...] oscuridad del ánima, turbación en ella, moción a las cosas bajas y terrenas, inquietud de varias agitaciones y tentaciones, moviendo a indiferencia, sin esperanza, sin amor, hallándose toda perezosa, tibia y triste y como separada de su Criador y Señor» (EE 317).

Interpretación psicoanalítica de la depresión

Toda depresión psicológica implica un hecho: la pérdida o ausencia de algo o alguien, de un objeto, cuya desaparición puede darse en la realidad externa o solo en la mente. Puede sentirse ausencia, pérdida, destrucción y carencia. Y se desencadena un proceso que puede abarcar desde un acaecer normal (la pérdida y el duelo por un ser querido) hasta la enfermedad o incluso la muerte (destrucción) de la mente e incluso del cuerpo (suicidio) cuando existen causas internas mentales muy graves. La gradación, de menor a mayor gravedad, sería: depresión normal, depresión neurótica, depresión *borderline* y depresión psicótica.

La psicogénesis de los distintos tipos de depresión la explicamos basándonos en la teoría de las relaciones objetales.[14] La

---

14 Relaciones que se establecen desde el inicio de la vida entre el propio yo y el otro, al que designamos como «objeto», y que puede ser algo que está en el mundo externo a mí, o puede ser algo que está en mi propia mente. Estas relaciones se establecen desde el nacimiento, y tienen especial importancia en los primeros meses de vida, hasta los 2 o 3 años. Tales experiencias permanecen después como matrices mentales, a las cuales, aunque modificables, se pueden referir las ulteriores respuestas afectivas y mentales de la persona ya adulta. Es lo que constituye la estructura de la personalidad del adulto.

evolución afectiva del bebé y la formación progresiva de su yo pasa por sucesivas fases. En una primera fase (llamada «posición esquizoparanoide»), el bebé vive una relación confusa, parcial y temerosa. Está sometido a sentimientos dolorosos mentalmente (aunque también los haya satisfactorios) que proceden tanto de sus propias fantasías internas como de las sensaciones de ausencia o vacío que percibe procedentes del mundo externo a él, y que puede sentir como algo que va contra él. Ante la capacidad que tiene de comprobar y corregir sus temores internos cotejados con la realidad, intenta defenderse escindiendo su realidad interna en dos partes: los sentimientos penosos los vehicula en «objetos malos» y los sentimientos placenteros los vehicula en «objetos buenos», quedándose identificado con los buenos y negando la existencia de los malos o intentando destruirlos mentalmente. Aun así, se puede sentir perseguido por los objetos malos, con miedo a ser destruido. Es una situación de malestar muy penosa que si se revive en el adulto puede abocar a la depresión melancólica, situación psicótica grave que puede conducir a la muerte mental del sujeto o incluso física (suicidio).

Estado límite o *borderline* es el nombre que se le ha dado a la franja de paso hacia la siguiente fase conocida como «posición depresiva». En este período infantil tiene especial importancia la fijación, que puede traducirse en depresiones caracterizadas por su variabilidad, por su vulnerabilidad y por la falta de consistencia en las relaciones personales. El niño, ante el miedo de la relación con un objeto temido, se defiende identificándose con ese mismo objeto (organización narcisista), de manera que vive como si su realidad fuera el otro: «el objeto soy yo». De este modo intenta evitar enfrentarse al dolor de la frustración que el otro le pueda producir.

En la última fase se entra en una maduración de las relaciones. La relación es ahora total y no parcial. Se busca la propia identidad del yo. El niño ve al otro como alguien del que puede obtener cosas buenas y cosas dolorosas (ambivalencia), y aprende a renunciar a sus propias pulsiones instintivas para buscar y encontrar relaciones más satisfactorias, de un valor superior (proceso de simbolización). De este modo se va haciendo capaz de experimentar el sentimiento de duelo ante la ausencia, la pérdida o ante las propias renuncias, y de sentir culpa cuando él ha sido responsable del daño, e intentar la reparación de aquello que ha sido dado o destruido, todo ello iniciado en su mundo mental interno, pero con posibilidades cada vez mayores de verificarlo en la realidad externa.

Según esta perspectiva, la llamada «posición depresiva» es el proceso verdadero de depresión, que indica ya cierta madurez (normal o neurótica) y una respuesta deseable. Depresión que no es solo malestar ante una pérdida (duelo), sino también culpa: hacerse cargo del mal que uno ha hecho y no atribuirlo a otro, y es también reparación: capacidad de restaurar o de crear una nueva realidad.

Por lo tanto, identidad propia, relación con el objeto total, creatividad y proceso de simbolización, relación amorosa que lleva a la renuncia, son las características primordiales de esta fase madurativa.

Desolaciones frente a discernimiento de espíritus

La interpretación que hemos hecho de las depresiones según el punto de vista psicoanalítico nos servirá de base para las desolaciones, pero solo como infraestructura psicológica. Nos será útil para iluminar, psicológicamente, el discernimiento de las mociones y los espíritus. Desde la psicología estamos tratando solo de mediaciones; la gracia, la acción del Espíritu de Dios escapa a nuestro quehacer.

Tal vez se pueda objetar que tomamos el término desolación en un sentido abusivo al aplicarlo también al malestar afectivo (dolor, culpa, etc.), que durante los ejercicios es pedido como una gracia a alcanzar para convertirse a Dios. Es cierto que hay que diferenciar entre una desolación (depresión) reparadora, buena, que es la que se quiere pedir, y una desolación del mal espíritu (depresión defensiva, patológica), que es contra la que hay que luchar. Entendidas psicológicamente, creemos pues, que hay buenas y malas desolaciones.

Desolación buena

«En las personas que van de pecado mortal en pecado mortal [...] el buen espíritu usa [...] punzándoles y remordiéndoles las conciencias por el sindérese de la razón» (EE 54). Donde hay pecado y culpa, bueno es sentir duelo, sentimiento doloroso que induzca a la reparación. Aquí el ejercitante reacciona con una desolación (depresión) normal. Habrá otras personas que «van de pecado en pecado» y, sin embargo, no quieren o no pueden llegar a sentir culpa, o se engañan, porque «el enemigo [...] propone placeres aparentes [...] para los más conservar en [...] sus vicios y pecados» (EE 314). Pero no solo puede sufrir una desolación, también se puede buscar, pedir y «demandar pena, lágrimas, tormento [...] culpándose por algún mal hecho» (EE 48 y 54).

Desolaciones perjudiciales

Tipifiquemos algunas de ellas.

Desolación ante la autoexigencia coercitiva (depresión obsesiva. Posición depresiva: neurótica)

«Propio del mal espíritu es morder, trisar y poner impedimentos inquietando con falsas razones para que no pase adelante» (EE 315). «Propio es [del enemigo] militar contra la alegría y consolación espiritual trayendo razones aparentes, sutilezas y asiduas falacias» (EE 329). Aunque se puede referir a diversos estados del espíritu, parece que esta descripción conviene especialmente a la desolación de la persona que va buscando una perfección religiosa centrada en la autosatisfacción de poder controlarse y controlar el objeto de relación (depresión obsesivo-escrupulosa).

Se manifiesta de diversas maneras, con falsas razones que impiden ir adelante; con dudas, indecisiones, reiteración de tentaciones, deseos de algo prohibido en su conciencia. El individuo es obligado por una instancia autoritaria que controla y exige una fidelidad y sumisión que turba e inquieta. Solo sometiéndose de una manera infantil, intenta conseguir la tranquilidad. Pero no la alcanza. Consulta a uno y a otro para que lo tranquilicen. Su desolación no lo lleva a un reconocimiento autentico de la culpa, sino a intentar tranquilizarse de las culpas que no ha cometido o que ya están perdonadas.

Esta desolación suele darse en personas que buscan la perfección, incluso de manera no religiosa, porque viven como programadas por autoexigencias interiores coercitivas, no amorosas. Durante los ejercicios, personas con deseos de perfección sinceros pueden desencadenar esa tonalidad de desolación; como le pasó al mismo Ignacio en Manresa, en sus dudas de comer carne o no, en sus tentaciones de tirarse a un pozo, etc. Así se comprende que Ignacio escriba que los escrúpulos pueden ser provechosos solamente «por algún espacio de tiempo» (EE 348).

Desolación fluctuante (depresión borderline)

«Turbación del ánima […] inquietud de varias agitaciones y tentaciones, moviendo a infidencia […] sin amor, hallándose toda perezosa, tibia, triste» (EE 317). Es una desolación opaca, que impide ver lo que hay en el fondo. Desorienta no solo al ejercitante, sino también al ejercitador. Está relacionada con un estilo de personalidad llamada «histeroide».

Puede ocurrir cuando, en una situación determinada, el ejercitante percibe que las cosas no ocurren a su gusto, tal como él quisiera. Tolera con dificultad las contradicciones, así como el hecho de no encontrar enseguida lo que busca. Evita las frustraciones. Necesita que los demás se enteren de su padecimiento para que le devuelvan el aprecio que siente haber perdido. Pero encubre la realidad de lo que está ocurriendo en su espíritu, no solo al confesor, también a sí mismo. Si la organización narcisista subyacente es muy intensa, no puede salirse de su resistencia protectora para evitar el dolor de enfrentarse a su realidad. No tiene sentimientos de culpa, sería demasiado terrible soportarlos. La culpa ha de quedar en los otros. Si se reconoce culpable, es solo intelectualmente. Sentirse culpable sería encontrarse desprovisto de todo afecto, justo lo contrario de lo que ocurre en la culpa amorosa de la buena depresión. Si hay reparación, es externa. No le motiva la estima del otro para lanzarse a un cambio. Busca quedar bien para no perder aprecio. Busca su propio bienestar, y si parece que busca el bienestar del otro, es porque se identifica proyectivamente en este: «el otro soy yo», se dice. Estas desolaciones aparecen no solo en principiantes, también en personas adultas que, paradójicamente, aparecen como muy sensatas mientras no sufran ciertas contradicciones.

Desolación destructiva (depresión melancólica. Posición esquizoparanoide)

«Sin esperanza, sin amor [...] como separada de su Criador y Señor» (EE 17). Tal vez estas serían las palabras de Ignacio que más convendrían a esta dolorosa desolación.

Hemos anunciado que hay una desolación profunda en la búsqueda intensa y absoluta de Dios, que no solo es del mal espíritu, sino que es la expresión de un proceso deseable de purificación sano y sublime. Es una desolación (depresión) que evoluciona pasando del abandono al encuentro. En ella hay creatividad sana. Es la desolación, creemos, de la noche oscura del espíritu. Es una experiencia mística que aparece buscando el amor, despojándose de todo lo que se lo impide. Es de la misma cualidad que la desolación buena que hemos descrito antes, pero en un grado superlativo de madurez espiritual y psicológica.

Aquí, en la desolación destructiva, estamos en las antípodas. Nos encontramos con una desolación profunda que se corresponde con la depresión melancólica. En la fase del desarrollo primitivo, en el cual los temores a la relación son tan intensos, la fantasía del niño se protege escindiendo la realidad, de manera que un objeto sea el idealizado (todo bueno) y el otro el persecutorio (todo malo), el mismo demonio, el que amenaza dominarlo de manera irremisible.

El sentimiento resultante en este tipo de desolación es el de estar perdido, condenado, amenazado implacablemente por la culpa que solo se podrá expiar con la propia aniquilación. Se vive en oscuridad, sin futuro, con una negatividad tal que puede llegar a enfermar moralmente la mente y el cuerpo. Se pierde el apetito, las fuerzas y pueden aparecer ideas de muerte y de suicidio. Cuando se da este tipo de desolación, francamente psicopatológica, al ejercitante le es difícil sentir una culpa sana, reparadora. La meditación del infierno la sentirá no como una posibilidad, sino como la expresión de su realidad interna, y puede que la confunda con su propia realidad externa en una vivencia casi delirante.

Consolación y salud mental

Fenomenología

Cotejaremos ahora la relación entre consolación y salud mental. Consolación es un término usado por Ignacio en los *Ejercicios espirituales*. Salud es un término que se ha usado cada vez más en las últimas décadas en medicina y psicología para expresar el buen estado de un ser, lo cual significa no la carencia de una enfermedad, sino tener las capacidades para responder con vigor y con gozo ante las eventualidades de la vida. Así, se puede tener una buena salud a pesar de estar pasando una enfermedad y también se puede no tener una buena salud a pesar de no tener enfermedades.

Descripción de salud mental

Es una manera de vivir no solo con bienestar, sino con «buen ser», tanto mental como biológico y social. Como elementos de este buen ser destacaríamos:

— La capacidad de reacción ante las dificultades y los cambios, ya sea con la finalidad de adaptarse o para transformarlos.

— Un crecimiento progresivo que conduce a comunicarse con otros con buena estima.
— Capacidad creativa de nuevas formas constructivas de pensar o de vivir.
— Autonomía en la propia realización, capacidad de establecer las propias normas, asimilando y tipificando la información que se recibe.
— Identidad y unidad mental, haciéndose cargo de todo el proceso de la propia vida y también de la propia muerte.
— Integración en el propio «yo» de las relaciones intrapersonales e interpersonales en la sociedad en la que se vive.
— Capacidad de gozar de las satisfacciones que conlleva la misma búsqueda de los objetivos que se propone.

La noción de salud mental, en resumen, sería aquella manera de vivir que se da cuando la persona va alcanzando la propia autorrealización (un buen ser individual y social) mediante un proceso dinámico que parte de unas capacidades genéticas en constante interacción con el medio. A diferencia de la depresión, que puede ser una enfermedad, la salud es una noción total y no parcial, positiva y no negativa. Hay una sola salud y muchas enfermedades (y depresiones). La salud mental (la verdadera consolación) forma un todo cualitativamente unitario. Y, por analogía, la buena relación ante la enfermedad (la buena desolación) es el camino para la salud (consolación).

Descripción de la consolación

Llamo consolación cuando en el ánima se causa alguna moción interior con la cual viene el ánima a inflamarse en amor a su Criador y Señor y consecuentemente cuando ninguna cosa creada sobre la haz de la tierra puede amar en sí, sino en el Creador de todas ellas. Así mismo cuando lanza lágrimas motivas a amor de su Señor, ahora sea por el dolor de sus pecados, o de la pasión de Cristo nuestro Señor, o de otras cosas directamente ordenadas en su servicio y alabanza. Finalmente llamo consolación a todo aumento de esperanza, fe y caridad y toda leticia interna que llama y atrae a las cosas celestiales y a la propia salud del ánima, quietándola y pacificándola en su Criador y Señor. (EE 316)

Puede haber consolaciones verdaderas y falsas. En las consolaciones verdaderas hay una satisfacción en las «lágrimas motivas a amor de su Señor». Siguiendo la línea de relación amorosa, se pasa a una relación en la que lo que más cuenta no es el propio yo, sino el objeto (Dios) y el amor con el que el objeto ama al yo. Así lo va sintiendo el yo hasta llegar a los grados más profundos de unión amorosa que, desde luego, dependen de la fe, del don del Espíritu de Dios. Las falsas consolaciones son falsas satisfacciones como consecuencia de protecciones defensivas inconscientes para evitar tener que enfrentarse y asumir el proceso de transformación en los ejercicios. Son satisfacciones falsas porque desaparecen cuando fallan los mecanismos defensivos que las originaron, o bien porque, cuando se mantienen esas defensas, ellas mismas impiden el libre y auténtico progreso de la persona. Son peligrosas y más engañosas que las desolaciones descubiertas. Podemos señalar algunos estilos de falsas consolaciones desde el punto de vista psicológico:

— Histeroide: hay un estilo de falsa consolación que suele ser aparatosa y florida en su presentación. Corresponde a lo que se conoce como rasgos histéricos de la personalidad. La persona vive la satisfacción de encontrarse muy querida y apreciada por Dios (su esposo) y admirada por los demás. Mira más a su gozo sensible —algunas veces eróticamente infantil— que a la entrega a una relación madura de amor con todas las frustraciones que pueda conllevar. Desde la perspectiva psicoanalítica, se considera que, en los casos más graves, se encuentra en esta reacción histérica un tipo de organización narcisista que se corresponde con la fase de estado límite de la personalidad fluctuante y emocionalmente superficial.
— Masoquista: hay otras satisfacciones que se presentan con una tonalidad placentera de masoquismo moral. Hay

sometimiento a un Dios que se siente como justiciero. Al no poder encontrar gozo en una relación libre y amorosa, la persona se enclaustra en la autosatisfacción de su misma impotencia. En estas personas, las penitencias tanto externas como internas podrían cumplir una finalidad no deseada. Las personalidades perfeccionistas obsesivas se acercan a este estilo.

— Maníaca: aquí la falsa consolación es provocada por la negación inconsciente de la realidad dolorosa. Son los falsos estados de consolación imperturbable. Ante la dificultad de una transformación interior, renace el peligro de temores persecutorios infantiles y, para no enterarse de esa temible falsa realidad propia, se despliegan los mecanismos defensivos más intensos. Además del mecanismo de negación, se pone en juego el de proyección (de los propios sentimientos negativos) hacia los otros, experimentando sentimiento de triunfo y de control maníaco sobre los demás, sobre cualquier peligro o dificultad, aunque no llegue a aflorar en el campo de su conciencia. Desde el plano afectivo se puede pasar al intelectual y gestarse convicciones ideológicas irrefutables y defensivas, así como la certeza de que su consolación es cierta.

Discernimiento de espíritus: ensayo de interpretación psicológica

> *Y tengo por mayor merced del Señor*
> *un día de propio y humilde conocimiento,*
> *aunque nos haya costado muchas aflicciones*
> *y trabajos, que muchos de oración.*
>
> Santa Teresa de Jesús, *Libro de las fundaciones*

Nos proponemos aportar al conocimiento del discernimiento de espíritus el punto de vista de la psicología profunda o del inconsciente. Nuestro estudio se centra en el dinamismo desolaciónconsolación considerado en relación con el mecanismo depresión-gozo. Junto a la desolación buena, deseable, y a la consolación verdadera, consideraremos las desolaciones perjudiciales y las falsas consolaciones. Dedicaremos atención especial a la consolación sin causa precedente, como exponente de la psicología de la mística. No abordaremos, en cambio, el estudio sistemático de las reglas de la primera y segunda semana de ejercicios, aunque haremos referencia a ellas.

Vamos a tratar esta cuestión desde el punto de vista psicológico.[15] Cuando Ignacio de Loyola habla de espíritus[16] y cuando en los *Ejercicios espirituales* presenta las reglas para «sentir y conocer las varias mociones» (EE 313) de los espíritus, propone una ayuda para dilucidar los posibles engaños, para ampliar los horizontes de experiencia interior y para comprender más a fondo el significado de esas experiencias que aparecen cuando uno se sitúa en relación con Dios. Al entrar en relación con Dios en los ejercicios espirituales, ponemos en juego nuestra actividad psicológica, la cual no se limita a las funciones mentales de memoria, entendimiento y voluntad, ni a la atención, percepción, pensamiento o afectividad; lo que se pone en juego es toda nuestra vida psicológica con sus vivencias conscientes e inconscientes. Estas últimas no siguen la lógica del pensamiento racional y producen sorpresas que, por una parte, pueden introducir perturbaciones y tropiezos en la búsqueda de Dios, aunque, por otra, pueden ser una mediación psicológica de Dios que nos ayude a sentir y entender lo que Él quiere de nosotros.

---

15   En este estudio psicológico de la experiencia de los ejercicios no pretendemos agotar la comprensión de esa experiencia. Cuando hablamos de la relación psicológica con Dios, únicamente lo hacemos de la relación mental, como mediación.

16   Si nos remitimos a la clasificación de los espíritus en intrínsecos y extrínsecos (Gagliardi), nosotros nos referimos a los primeros. Aquellos a los que, según la tradición, se atribuyen diferentes maneras de manifestarse nuestras disposiciones humanas, corporales y mentales.

Movimiento de espíritus

En el proceso de los ejercicios espirituales aparecen, en el ejercitante, mociones espirituales y agitación de espíritus; si no ocurre así, hay que preguntar al ejercitante cómo hace los ejercicios (EE 6). Los ejercicios espirituales nos cuestionan y pretenden transformar nuestra vida y esto no se hace sin agitación de sentimientos.

Una protección que toma el ejercitante, y que no por ser menos consciente es menos utilizada, es intentar solucionar con razones las dificultades personales. Es más soportable hallar soluciones en el ámbito del pensamiento que no dejarse desnudar de manera que aparezcan ante nuestra mirada la realidad de nuestros sentimientos y deseos más ocultos y no aceptables. Los movimientos de espíritus no se pueden obtener con un acto de voluntad ni se pueden controlar con el entendimiento. Es una experiencia no controlable directamente. Este es un motivo que puede hacerles sentir como «venidos de afuera», de fuera del alcance de nuestra percepción consciente en cuanto a su génesis y evolución. Este hecho ocurre con otros sentimientos que, habiéndose fraguado sin el concurso de nuestra actividad consciente, aparecen de una manera súbita e inesperada con una gran fuerza vital.

Los movimientos del espíritu no son experiencias que afecten solo a los sentimientos, a la afectividad; afectan a toda la vitalidad. Hay una gran variedad descriptiva de los efectos de los movimientos del espíritu en los *Ejercicios espirituales*. Una persona puede ser movida con lágrimas, alegrías, tristezas, razones, engaños, etc. Esta variedad responde a las diferentes reacciones psicológicas, ya sea protecciones de carácter defensivo de algunas experiencias, ya sea expresión de reactivación de otras, etc. Pero todas ellas expresan actividad interior, que es lo que se pretende.[17]

---

17 Convendría advertir al ejercitante, según sea su manera psicológica de reaccionar, que no se defraude cuando el movimiento de espíritus parezca no percibirse según lo que se esperaba, con cargas afectivas fluctuantes. Entonces hay que percibirlo en una onda sintónica diversa, pero existente.

Experiencias no conscientes

Creemos que la base psicológica de los movimientos de espíritus es la experiencia afectiva no directamente consciente. A diferencia de los razonamientos intelectuales, en los que las relaciones se pueden establecer con nexos lógicos, aquí nos encontramos ante la aparición de sentimientos de los que, si bien algunas veces podemos entrever el desencadenante, en otras no alcanzamos a saber el origen ni el significado de aquello que nos quieren expresar. Psicológicamente, no obstante, se conoce la posibilidad de entrar en contacto con este mundo interior y con los fenómenos que en él se producen.

Transferencia y contratransferencia

Al establecerse una relación mental con otro objeto mental distinto (Dios), podemos vivir en el otro objeto mental los sentimientos o imaginaciones que, creyendo que provienen del otro, proceden de aquello que nosotros mismos le hemos transferido de nuestros propios sentimientos o imágenes, sin que aquello que transferimos haya sido conocido por nosotros en un plano consciente.[18] Un fenómeno correlativo ocurre con la contratransferencia, cuando alguien pone en nosotros determinados sentimientos que no corresponden a nuestra relación actual, sino a aquello que el otro había vivido antes de alguna manera y que ahora nos lo atribuye como si fuera la relación actual con nosotros. Estos sentimientos pueden despertar en nosotros una resonancia también fuera de la relación real del momento actual y reavivar sentimientos nuestros que existían ya en relación con otras situaciones, pero que no estaban en nuestro campo consciente.

---

18 Así el joven que se enamora de una joven de manera súbita (flechazo) y desbordante (ciega), no ve aquella joven como es en realidad, lo que ve es el ideal de joven que él mismo proyecta en ella desde el propio cliché mental que tiene él de la mujer.

Relación de acompañamiento

Estos sentimientos transferidos inconscientemente adquieren especial interés en la persona del acompañante de los ejercicios espirituales y pueden resultar, en algunos momentos, de importancia capital en el proceso del discernimiento de espíritus. Cuando el ejercitante expone al ejercitador sus experiencias, se establece una relación consciente y deseable en la que el acompañante manifiesta con claridad al acompañado lo que él cree que le irá mejor hacer (EE 17).

Pero hay otra forma de relación que puede pasar desapercibida y que no por ello es menos importante: se trata de la influencia no pretendida que el ejercitador ejerce sobre el ejercitante. Esta influencia, que podría ser nociva por las especiales condiciones de dependencia hacia el ejercitador (y por lo que él representara de autoridad divina transferida), conviene tenerla muy en cuenta para evitar posibles efectos nocivos. Pero también puede resultar beneficiosa si el acompañante puede y sabe ejercerla. Esto ocurre cuando el ejercitador ofrece al ejercitante una escucha que le permita depositar en él sus dudas, sus emociones, sus consolaciones y desolaciones, su modo de entenderse a sí mismo, sus sentimientos negativos hacia Dios o hacia el propio ejercitador. Cuando el ejercitador sabe —haciéndose cargo de su propia contratransferencia— soportar y aceptar y hacer vivir o revivir aquello de una manera distinta a como se le ha comunicado, y seguir ofreciendo una relación con el ejercitante, respetuosa de su libertad, serena, pacífica, íntegra y confiada, entonces se opera en los sentimientos del ejercitante un proceso beneficioso y modificativo al revertir hacia él unos sentimientos que habían sido sacados afuera de manera confusa o negativa, y que ahora retornan con nuevas posibilidades de ser incorporados positivamente.

El dinamismo del discernimiento de espíritus

Veamos ahora en qué consiste, en sí mismo, el dinamismo del movimiento de espíritus. El movimiento básico es el de desolaciónconsolación, manifestación psicológica del dinamismo que se pone en juego ante la realidad mental de una pérdida y su restauración; dinamismo de carencia y plenitud, de muerte y de vida. Este proceso nos indica que hay vida interior en el ejercitante, que en su interior se está operando un proceso que busca vida.

Es amplio el ámbito de las experiencias descritas en los *Ejercicios espirituales* sobre la desolación y la consolación. Intentaremos comprenderlas desde la perspectiva psicológica. Consideramos tanto la fenomenología o aspectos sintomáticos como el desencadenante o psicogénesis de las situaciones de consolación y desolación. Y lo haremos relacionándolas con las situaciones psicológicas o psicopatológicas de depresión y de gozo. Solo tenemos una única psicología personal para cada cual con la que entramos en relación con Dios y con los demás, y esta manera de ser propia configura todas nuestras relaciones, si bien la relación con Dios, totalmente Otro, trascendente, sobrepasa nuestras posibilidades de comprensión psicológica.

Desolación y depresión

La experiencia de desolación en los *Ejercicios espirituales* aparece siempre como una experiencia con efectos sensibles de malestar psicológico que afectan a los sentimientos (tristeza, oscuridad, tibieza), a los impulsos (pereza, turbación, moción a las cosas bajas) o a los pensamientos (razones aparentes, sutilezas, falacias) (EE 317 y 320). La semiótica clínica de las depresiones se presenta afectando también a los sentimientos (tristeza, falta de ilusión, desgana de vivir), al pensamiento (bloqueo intelectual, disminución de creatividad mental) o a la inhibición de la conación (aislamiento, no desear comunicarse, quedarse en la cama). También pueden afectar a las funciones corporales (pérdida del apetito, del sueño, adelgazamiento, y en casos extremos deseos de muerte o de suicidio). Se da una situación biológica mortecina concomitante con la situación mortecina mental.

Pero ¿qué es la depresión? Es un proceso o situación en el que se tienen experiencias de tonalidad y tendencia negativa, exigencias de muerte, relacionadas con una pérdida o carencia, la cual puede ser interna o externa, conocida o desconocida.

Depresión y desolación integradoras

La depresión integradora evolutiva o restauradora es una reacción buena y deseable. En su origen hay una pérdida o carencia que puede ser, por ejemplo, la muerte de un ser querido, el reconocimiento de un fracaso personal, la limitación de las propias posibilidades físicas, mentales o morales, la incomodidad de un cambio, etc. En esta primera fase hay un conjunto de sentimientos de desconsuelo, de pérdida, de carencia, de despedida, de defecto o fallo, de renuncia impuesta o voluntariamente buscada. En una segunda fase aparece el sentirse autor, responsable de la pérdida, atribuírsela, sentir pesar. Es la fase del sentimiento de culpa por lo que se hizo o se dejó de hacer.

Se da una tercera fase cuando aparece el deseo de reparar, de hacer las cosas de otra forma, de buscar una nueva manera de situarse ante la falta, de restauración de aquello que se había perdido o faltaba, y se acompaña de sentimientos de vida, de gozo, entremezclados con los sentimientos de las dos fases anteriores que eran penosos y negativos. Esta depresión buena conduce a superar el estado psicológico anterior, a dar pasos madurativos de la personalidad. También en el ámbito de las desolaciones hay un tipo que puede producir efectos buenos, como es el reconocimiento del propio pecado, de la pérdida del amor a Dios y a los otros, el reconocimiento de la necesidad de conversión, etc.

Así, *la desolación integradora* es aquella en la que el ejercitante puede presentarse ante el proceso de su propia verdad interior confrontada con la Palabra de Dios y con el intento vital de responderle. Es un proceso de elaboraciones positivas, aunque son parciales, de movimientos de espíritu en busca de la transformación y de la conversión que se van realizando y que aboca a una consolación como resultado del paso dado.[19]

19   En los *Ejercicios espirituales* habla de que puede aprovechar «hacer algún

Pero cuando las desolaciones se alargan, no se resuelven y no viene la consolación, habrá que pensar en una insuficiente disposición del ejercitante, o bien en que se ha producido, a partir del estímulo que suponen los ejercicios, un despertar de latencias depresivas o culpabilizadoras.[20] También puede ocurrir que persista un malestar de fondo, psicológico, coexistiendo con un estado de consolación. En este caso, reconocer y aislar tales perturbaciones permite perderles el miedo y vencerlas, como veremos a continuación.

Depresiones y desolaciones perturbadoras

Estableceremos aquí el correlato entre las depresiones psicopatológicas y la desolación perturbadora. Se manifiestan por un estado de ánimo inquieto, turbado, con malestar fluctuante, en el que no se acaba de encontrar la paz y que no conduce a evolucionar de manera positiva hacia una consolación, sino solo a

---

modo de penitencia» (EE 89), lo cual, a nuestro modo de ver, puede ser una manera operativa de verificar el deseo eficaz de conversión amorosa del ejercitante, aunque podría ocultar también deseos autosuficientes de alcanzar por sus propias fuerzas lo que desea. Por eso le conviene al ejercitante consultar para no engañarse.

20   Los sentimientos de culpa pueden ser buenos o malos. Son buenos, por ejemplo, el dolor de haber pecado, de no haber amado, el deseo y actividad (interno y externo) para restaurar el amor perdido, etc. En este caso, una vez advertido de la falta, e iniciado el proceso reparador, el sentimiento de dolor mental de la culpa es al mismo tiempo amoroso, consolador. Es el agridulce del que ama y por eso le duele. Pero los sentimientos de culpa pueden ser malos. Tal es el caso de la culpa «legalista», un sentimiento de miedo de ser sometido internamente por obligaciones implacables no cumplidas e imposibles de cumplir del todo. Otro caso es el de la culpa «destructiva», esto es, cuando eso que me domina además me destruye, sin que haya posibilidad alguna de reparación. La condenación es irremisible y uno mismo se convierte en el foco de todo el odio. Por último, está la culpa «inauténtica» cuando en el fondo no se acepta tener la culpa y esta se coloca en los otros. Uno se reconoce culpable solo verbalmente, pero no puede sentirse sujeto de culpa, pues ello implicaría encontrarse desprovisto de todo afecto.

salirse de la desolación evitándola, anteponiendo algún elemento externo o interno que apacigüe, tal como recibir palabras de aprobación o alabanza, o imaginárselas, o incluso buscar en el Señor o en su Madre algún consuelo, pero sin llegar a afrontar de parte propia el motivo del malestar sentido, lo cual llevaría a tener que aceptar la renuncia de algo: no se es capaz de soportar la contradicción o frustración que ello produciría. Este estado de ánimo se puede dar:

— Como una situación *transitoria*, regresiva a períodos psicológicos psicogenéticamente más primitivos, como reacción defensiva al no poder soportar todo el dolor mental o el pesar de la dificultad o de la renuncia. Esta situación transitoria puede evolucionar desde la respuesta infantil de intolerancia hacia una situación más madura de aceptación de aquello que pide un esfuerzo de transformación, de la elaboración del duelo por la pérdida, de la aceptación de la culpa y de la reparación adecuada y constructiva.

— Como manifestación de una *estructura* psicológica latente que predomina sobre los aspectos más sanos de la persona haciendo crónica la situación de desolación, con pocas posibilidades de salirse de ella con madurez. Sobre todo porque la persona tiende a evitar los elementos conflictivos, por caminos engañosos y torcidos y con falsas razones, y retorna a una cierta homeostasis afectiva espiritual que no es ninguna señal de progreso, antes bien es señal de una situación lábil, frágil, que permite reiterar en forma de tentaciones la estructura psicológica latente. Solo una mayor fuerza psicológica que rompa la resistente autoestima dañosa es capaz de conseguir la transformación. Unos deseos amorosos hacia Dios, verdaderos, expresados insistentemente en oraciones de petición, movidos por la fe, son el medio para desplazar el centro de gravedad desde una autoestima infantil egocéntrica hacia la relación, dificultosa, aunque gozosa, con el Otro.

Tipificación de las desolaciones perturbadoras

Describiremos tan solo algunas de las más significativas y frecuentes a nuestro parecer, teniendo presente que toda tipificación se aleja de la realidad individual, con el peligro de que se tome la descripción de manera literal como si el modelo se diese totalmente en la realidad. Además, cada persona puede participar solo de ciertos rasgos de los aquí descritos como modelo. Supuestas estas advertencias, podemos encontrar las siguientes tipologías.

La desolación escrupulosa

Algunas de sus manifestaciones sintomáticas son las falsas razones que impiden ir adelante (EE 315), dudas, indecisiones, tentaciones reiteradas de desear o hacer algo prohibido, internamente en la conciencia del sujeto, por una instancia autoritaria que exige una fidelidad o sumisión inquietante y ante la cual solo sometiéndose de manera infantil se consigue tranquilidad. De ahí el recurso del escrupuloso de consultar a otro para que lo tranquilice: no busca una reconciliación, busca tranquilizarse.

La tonalidad afectiva es de encogimiento interno, falta de libertad interior, insatisfacción por no poder alcanzar aquello que convendría. La culpa que aquí se experimenta no corresponde a una carencia real, externa o interna, sino al sentimiento patológico de estar en deuda permanente con alguien. Y, en este estado de cosas, la reparación tiene poco ámbito de progreso. Se intenta salir del sentimiento depresivo de malestar culpabilizador intensificando los autocastigos expiatorios y reiterando actos rituales obsesivo-escrupulosos, como si con esa repetición rutinaria se pudiera mitigar el malestar. Y todo ello dificulta el poder recurrir a sentimientos amorosos que impulsen a encontrar el camino nuevo de relacionarse con el otro y al que se pudiese reconocer, no ya como juez, sino como ser amoroso.

Esta tonalidad depresiva se suele dar en personas que buscan la perfección y que viven constreñidas por las obligaciones. Este deseo de perfección a veces desencadena esta tonalidad depresiva obsesiva. Es el caso de la situación escrupulosa que vivió Ignacio en Manresa. La culpa obsesiva en sí misma no es más que una experiencia muy primitiva de lo que puede ser la culpa madura, reparadora y amorosa, en relación con Dios y con los otros. El propio san Ignacio admite que los escrúpulos pueden ser provechosos solamente «por algún espacio de tiempo» (EE 348).

La desolación fluctuante

Los síntomas se manifiestan tanto en momentos de desolación como de falsa consolación; por eso pueden desorientar al ejercitador. Puede darse malestar, desgana perezosa, inquietud o ansiedad, tristeza voluble, turbación, inquietud de varias agitaciones y tentaciones (EE 317). Esto ocurre cuando las cosas no van a su gusto, tal como quisiera. Tolera con dificultad ciertas contrariedades, como no encontrar enseguida lo que busca. Se evitan las frustraciones que harían cambiar el estado de ánimo rápidamente.

La expresión de sus manifestaciones es exuberante, aunque, paradójicamente, puede parecer que quiere pasar desapercibido. Necesita que los demás se enteren de su padecimiento para que le devuelvan el aprecio que siente ha perdido. Pero no quiere que el ejercitador se entere de la dificultad que le está atormentando. Tiende a encubrir la realidad de lo que está pasando en su espíritu, no solo al confesor, también a él mismo le queda en cierta manera oculto el engaño del que es víctima. Puede incluso tener olvidos de aspectos importantes sin que lo perciba; el olvido es como una protección inconsciente ante el dolor que teme sentir en caso de enfrentarse con su dificultad. No tiene sentimientos auténticos de culpa ni de reparación. Sus sentimientos de culpa los atribuye a otros. No busca tanto el cambio motivado por la estima de otro como quedar bien con el otro, porque no puede soportar el no sentirse sensiblemente estimado por los demás. Busca su propio bienestar, y si busca el bienestar del otro habrá que ver si lo que realmente pretende no es sino experimentar su propio bienestar en el otro.

Se encuentra pues en una patológica dependencia de experimentar aprecio, porque no lo siente ni para con él, ni en él mismo, ni en los demás, ni en Dios. Cuando lo encuentre en Dios, puede que se instale en una dependencia infantil. Le faltan todavía raíces profundas de su propia identidad. Dada su influenciabilidad, es fácil que se contagie de situaciones emocionales colectivas, depresivas, o que él contagie a los demás. Estas depresiones ocurren en principiantes, pero también en personas adultas que, paradójicamente, aparecen como muy sensatas mientras no sufran ciertas contradicciones.

La desolación profunda, melancólica

Hay dos maneras de deprimirse profundamente. La primera es la depresión motivada espiritualmente por la búsqueda intensa y total de Dios; es una depresión evolutiva, reparadora y deseable; en ella hay creatividad y es sana. Es fruto del amor que busca y no acaba de encontrar, es noche oscura del espíritu. Es un grado sublime de la depresión que aparece por amor. Hay otra depresión profunda que es psicopatológica y melancólica de la que ahora queremos hablar.

Se trata de una situación en la que la persona puede llegar a la pérdida de toda esperanza, sin ningún soporte, en una negatividad total, hasta llegar a la muerte mental o física (suicidio). Los sentimientos predominantes son de oscuridad total, sin futuro, sin ninguna ilusión; puede llegar a perder las fuerzas físicas, las ganas y el sueño. Si sigue progresando, puede llegar a estados de desorganización mental o delirio. A Dios se le siente no ya como un juez severo, sino como un perseguidor implacable, desposeído de cualquier capacidad de amor o de misericordia. Ante Él se está condenado irremisiblemente. Solo la propia aniquilación puede expiarlo. Notemos que en el proceso de los ejercicios espirituales se introduce la experiencia de Dios misericordioso (EE 53, 54) en el momento en que la meditación del pecado propio lleva al ejercitante a una importante y arriesgada situación espiritual y psicológica, situación que en ejercitantes con personalidad psicopatológica favorece la aparición de crisis depresivas graves, sobre todo cuando se proponen las meditaciones del pecado de una forma parcial e inadecuada.

Esta grave desolación melancólica responde a una estructura psicopatológica latente que puede ponerse de manifiesto tumultuosamente, desencadenada por el estímulo de sentimientos persecutorios durante el proceso de los ejercicios, y que no solo impide seguir adelante con ellos, sino que puede perturbar gravemente a la persona.

Esta depresión es muy diferente de las situaciones transitorias reactivas que se dan en el ejercitante sometido a la presión psicológica enorme del pecado, y bajo los efectos de penitencias, austeridades y autoaflicciones externas e internas. Cuando a Ignacio de Loyola «le venían muchas veces tentaciones con grande ímpetu, de echarse de un agujero grade»,[21] se encontraba en una situación, a nuestro modo de ver, no tanto melancólica reactiva transitoria como de una depresión reactiva de tonalidad obsesivo-fóbica.

Gozo y consolación

En los *Ejercicios espirituales* se habla de consolación siempre como experiencia de bienestar o bien ser psicológico: «Verdadera alegría, gozo espiritual, amor, lágrimas, aumento de fe, esperanza y caridad, alegría interna, pacificación, aquietamiento» (EE 316, 329). Se describen varios sentimientos y vivencias y una consolación fundamental, «el amor al Criador y Señor», así como sus efectos (pacificación, aquietamiento) y sus síntomas (alegría, bienestar). Siguiendo nuestro propósito de relacionar la consolación descrita en los *Ejercicios espirituales* con los sentimientos psicológicos correspondientes, vamos a comenzar por analizar el sentimiento del gozo.

¿Qué es el gozo psicológicamente considerado? ¿Cómo se origina? El gozo es un sentimiento que se orienta positivamente

---

21 I. de Loyola, *El pelegrí. Autobiografia de sant Ignasi de Loiola*, Barcelona, Claret, 1983, n.os 23-24.

hacia la vida, de tonalidad alegre, integrador, y es expresión de un buen proceder emocional, mental y personal. Es signo de buena salud mental y espiritual. Pero el gozo no está en todo sentimiento alegre; hay alegrías y satisfacciones que ni conducen ni son indicadores de un buen estado de salud mental. Ocurre también con las consolaciones: puede haberlas falsas.

Consolaciones verdaderas

Veíamos en la depresión sana o normal que, en la fase de restauración o reparación, junto a los sentimientos del duelo y la culpa aparecen los sentimientos de satisfacción al iniciarse el proceso, creativo, de rehacer la vida que se había visto perdida o amenazada. Este sería el origen del gozo sano. Y en los ejercicios espirituales esta sería la consolación en la que el espíritu se encuentra con Dios y con el prójimo, al tiempo que va de las propias limitaciones y egoísmos al amor del que nace el gozo verdadero, sano, y la tendencia a unirse con aquel a quien ama. En este gozo coexisten sentimientos alegres y tristes.

Esta posibilidad de coexistencia está psicológicamente descrita en una clarificación de sentimientos propuesta por Max Scheler, en la que el filósofo y sociólogo alemán distingue cuatro grupos de sentimientos:

— Sentimientos sensoriales que afectan focalmente una parte del organismo, como sentir la satisfacción de saborear una taza de café o, en sentido negativo, sentir un dolor de muelas.
— Sentimientos vitales que afectan a la totalidad del organismo, por ejemplo un sentimiento de bienestar después de una buena comida o de una excursión relajante o, en sentido negativo, sensación de inquietud generalizada o de mareo.
— Sentimientos psicológicos reactivos, como una buena noticia que afecta favorablemente o, en sentido negativo, la noticia triste de la muerte de un amigo.

— Sentimientos personales o espirituales, por ejemplo ser feliz por el amor a una persona o a Dios o, en sentido negativo, ser infeliz por la pérdida de sentirle gusto a la vida.

Pueden coexistir un sentimiento de grado superior con otro de grado inferior sin que por ello deje de prevalecer el primero: uno puede seguir siendo feliz a pesar de tener dolor de muelas o después de recibir la triste noticia de la muerte de un amigo.

Consolaciones falsas

La falsa consolación tranquilizadora de tipo escrupuloso

El sentimiento de consolación del escrupuloso no es tanto de gozo como de tranquilización compensatoria al haberse podido quitar de encima la insatisfacción producida por el miedo que le constreñía. Lo experimenta cuando se encuentra más seguro, o ya no duda, o ya tiene todo previsto, o ya ha podido conseguir ordenarse, tanto en su vida espiritual como en el ámbito de la vida ordinaria. Le supone una autosatisfacción comprobar que él puede controlar en vez de sentirse controlado por una instancia externa.

Si la estructura de su personalidad está más afectada, le resulta más difícil alcanzar un cierto grado de tranquilidad espiritual. En este caso se mantiene terco en sus apreciaciones, porque estar receptivo le supondría encontrarse con mayor angustia o desasosiego, con más dudas, indecisiones, temores y culpabilidades.

¿Se encuentra en este caso algún tipo de consolación? Afirmamos que lo que se encuentra es una manera de preservar el bienestar con unas exigencias perfeccionistas y rígidas, que lo preservan de falsos sentimientos de culpa en relación con una imagen de Dios severo y justiciero, no misericordioso. Puede hallar consuelo —falsa consolación— en representaciones atractivas, sensuales, con satisfacciones prohibidas compensatorias, que pueden reiterarse en forma de tentaciones, solo fugazmente satisfactorias.

Creemos que esta era la situación de Ignacio en Manresa cuando, después de un período de penitencias y austeridades, tuvo una falsa consolación junto con otros movimientos de espíritu en los que había diversos escrúpulos (confesarse, no comer carne) y con la tentación de lanzarse a un agujero.[22]

La consolación fluctuante de tipo narcisista

Se vive con una alegría que para ser mantenida ha de apoyarse en la dependencia de los demás, egocéntricamente. El individuo necesita permanentemente sentirse bien considerado y amado. La consolación no nace del amor al otro, sino de comprobaciones de que es amado, como el niño, que necesita sentirse preferido y protegido. Si esto falta, no puede tolerar la frustración y entra en la depresión llamada fluctuante. Los altibajos del estado de ánimo son frecuentes y poco durables, dependen de la duración que hay entre los estímulos externos gratos o ingratos.

Así puede ocurrir en las falsas consolaciones del novicio, de quien busca en la vida espiritual, con actitud infantil, encontrar gusto o salir triunfador alimentando así su omnipotencia infantil y vanidad espiritual. Él es el centro y toda la vida espiritual gira a su alrededor. La duración de esta falsa consolación no siempre es efímera. Cuando responde a una estructura de la personalidad más que a episodios originados por desencadenantes accidentales, se puede instalar en un modo de proceder y de hacer que las cosas salgan siempre bien y siempre quede bien en el trato con los demás. En el trato con Dios ya es otra cosa. Puede

---

22 I de Loyola, *El Pelegrí. Autobiografia de sant Ignasi de Loiola*, op. cit., n.os 19-31. En unos momentos en que estaba sometido a grandes austeridades y penitencias (n.os 18-19) y en que se abstenía de otros consuelos sensibles que no fueran los espirituales, se le representa la imaginación de una cosa que le atraía sensiblemente y le deleitaba de momento, pero que, cuando desaparecía, le displacía. Sensibilidad que, a manera de sensualidad sustitutiva, se le ofrecía a Ignacio reiteradamente. Mas adelante, Ignacio descubrió cuán engañosa era esta forma de afectividad placenteramente compensatoria (n.º 31)

que se emplee en alimentar una plegaria conducida hacia sus deseos egoístas, meditando acerca de lo que no le afecta profundamente o que le resulta favorable y le permite sentirse bueno o estimado por todos.

Es posible que se instale en una aparente sensación de bienestar con dependencia afectiva infantil y egocéntrica. Una situación frágil que se evidenciará cuando aparezcan las dificultades frustrantes.

La consolación hipomaníaca

Es un estado de bienestar eufórico, de alegría no verdadera, no pacífico ni tranquilo, porque hay como un fondo que no permite entrar en uno mismo. Hay inquietud y, sin darse cuenta, la persona evita hacerse cargo de las dificultades propias o de los demás. Aparentemente vive contenta, sin dificultades, pero puede hacer sufrir a los demás y ella misma no darse cuenta de lo que está pasando.

Este grado de euforia puede ser diverso. Puede tratarse de un estado pasajero, que en los ejercicios podemos considerar como un recubrimiento protector para no entrar a fondo en el conocimiento del propio pecado o de las propias indigencias de cara a Dios y a los demás. Esto induce a engaño, ya que suelen ser personas con una aparente o relativa estabilidad emocional. El engaño se pone de manifiesto cuando al hacerles alguna observación, es negada o no se identifican con lo que se les advierte: no pueden deprimirse, ni sentirse desolados, aunque racionalmente lo aceptan. El motivo es que hay en ellas un profundo terror, no consciente, a recibir la crítica, como si fuera una persecución. Están huyendo de caer en una hondonada sin luz y, para evitarlo, han de irse a la cima más alta.

Estas expresiones de euforia exaltada, de estado de entusiasmo y de aparente claridad, que invade toda la vida con una tonalidad de permanente estar a gusto, podrían ser confundidas con un estado de consolación intensa, dado que en el estado de euforia hipomaníaca se puede tener el convencimiento de que la experiencia es de Dios y del buen espíritu, y no es fácil hacer creer lo contrario. Pero hay signos diferenciales que veremos más adelante al hablar de la consolación sin causa precedente. Veremos que básicamente son diferentes por la misma presentación fenomenológica y por el efecto que produce. A diferencia de la buena consolación, en la alegría hipomaníaca no hay aumento de caridad, ni de humildad, ni perseverancia en estas virtudes, al contrario, hay un centrarse en sí mismo con desinterés de lo que no sea su mundo.

La consolación sin causa precedente

Una persona puede experimentar en un momento determinado una consolación, en un grado, cualidad e intensidad que no puede dudar que aquello es cosa de Dios y que después persiste de manera durable dejando buenos efectos: es como una roturación del espíritu, experiencia que no se borra y que se diferencia de otros procesos que no son «dados inmediatamente por Dios nuestro Señor» (EE 336).[23]

¿Cómo entendemos psicológicamente este hecho?

Todo contenido que tenemos en nuestra conciencia procede de las relaciones que antes hemos tenido con los demás, tanto en el

---

23   ¿Dios actúa inmediatamente en el espíritu o bien hay mediaciones psicológicas que nos permiten entender cómo se produce esta consolación? Creemos que la inmediatez no elimina las mediaciones. Hay que recordar, por una parte, la diferencia entre el hecho de comprender la manera psicológica en que se produce la consolación y, por otra, la causalidad última y el sentido que tiene la Providencia de Dios en la configuración y producción de tales efectos psicológicos. Nosotros nos limitamos a intentar comprender el qué y el cómo psicológico de la que se llama «consolación sin causa precedente». Podemos conocer la gracia de Dios solamente por sus efectos; por las mediaciones que Dios nos pone. La gracia, en sí misma, no tiene entidad física.

sentido emocional como en el intelectual, tanto en el aprendizaje de los sentimientos como de los contenidos intelectuales verbalizables de nuestros conocimientos. Hemos sido receptores. Necesitamos de la relación para desarrollar psicológicamente la persona. Además, disponemos de una sola realidad psicológica personal mediante la cual nos relacionamos con las personas, con las situaciones y también con Dios, si consideramos a Dios en el sentido de nuestra relación mental.[24]

Ahora bien, la adquisición de los contenidos mentales (experiencias, conocimientos) no se realiza siempre de manera consciente, del mismo modo que tampoco somos conscientes de todos los procesos de integración y asociación de nuestras experiencias. Nuestro funcionamiento mental no acaba en nuestra conciencia vigilante y reflexiva, sino que sigue operando en los estados de los cuales no somos conscientes. Durante estos estados no conscientes tenemos la posibilidad de ir creando experiencias nuevas, creativas, a partir de otros conocimientos obtenidos y asimilados anteriormente.

En un momento determinado las experiencias nuevas aparecen expresadas tal como si en una atmósfera saturada se produ-

---

24   Dios como objeto de nuestra mente. Nuestra relación con Dios es una relación física en el siguiente sentido. Nosotros nos relacionamos con la representación mental (imagen, sentimientos, contenidos de conocimientos), con el «objeto mental» que nos hemos formado de Dios, de un Dios que es trascendente, que es todo Otro. Psicológicamente percibimos de Dios solo los aspectos inmanentes, aquellos que, a través de nuestra experiencia del mundo, de las personas, de las situaciones, hemos podido llegar a conocer, y que se incorporan a nuestra mente de una forma no solo intelectual-cognitiva, sino también experiencial. Si uno tiene fe, el objeto mental Dios que se representa, y con el cual se relaciona, se convierte en un objeto totalmente diferente de los otros objetos (en extensión, profundidad, amor, confianza...) en cuanto que nos sobrepasa y a todo lo que hay en nuestro mundo. En este sentido, experimentamos la trascendencia de este «Objeto» que puede producir en nosotros reacciones que ningún otro objeto mental será capaz de producir. En la medida en que por la fe nos identificamos cada vez más con este objeto, se explica que se produzcan efectos personales incomparables, tales como los fenómenos llamados «de orden místico», no solo los mentales, sino también los corporales. Este objeto mental va más allá de nuestras posibilidades humanas.

era una cristalización a partir de un punto o foco catalizador, y surgen de una manera inédita y con no reconocido origen. La nueva experiencia o intuición nos parece ajena a nuestro proceso psicológico adquisitivo, y como algo ajeno que no es producto de nuestra propia actividad.

Supuesto lo anterior, expongamos nuestro punto de vista en la comprensión del fenómeno, psicológicamente hablando, de la «consolación sin causa precedente». En el proceso adquisitivo religioso, guiado por la fe, el creyente va asimilando e integrando aspectos diversos, si bien él no se da cuenta de cómo este proceso se ha hecho. En un momento determinado, un estímulo externo que puede ser advertido pero que puede quedar, no solo inadvertido sino inadvertible (debido a la conexión hecha en un plano no consciente), hace que estalle de una manera masiva, extraordinaria, una experiencia religiosa nueva, producto de situaciones anteriores, sin una relación aparente con un desencadenante de tipo externo. Los dos aspectos que apuntamos aquí como comprensión psicológica de la consolación sin causa precedente son: la no conexión aparente del fenómeno con el objeto estimulante externo sin causa precedente y el hecho de que el contenido de la consolación tenga una desproporción total con cualquier experiencia religiosa en cuanto a intensidad vivencial, perdurabilidad y posibilidades de roturación del espíritu, de manera que no se puede dudar que es de Dios.

Consolación fundamental

Además de las consolaciones episódicas o sintomáticas, hace su aparición en el proceso de los ejercicios espirituales un estado de espíritus que podríamos llamar «consolación fundamental o básica». Responde a la estructura profunda de la personalidad, que va configurándose según los elementos positivos amorosos y creativos, aunque permanece latente.

El proceso de estructuración se va haciendo por adecuadas y progresivas integraciones de las primeras relaciones, familiares y sociales, y de otras experiencias que favorecen una manera de

reaccionar amorosa, partiendo de renuncias a los propios instintos destructivos y no amorosos, en favor del otro. Así se aprende a ofrecer la capacidad amorosa de renuncia en favor del otro.
Y esta capacidad de renunciar y reparar así lo que se había hecho
mal o deseado mal, está en la génesis de la creatividad y de la
capacidad de simbolizar.

En las relaciones psicológicas con Dios, cuando la persona
ha podido estructurar a lo largo del tiempo una situación tal, esta
se podrá manifestar mediante un estado habitual de consolación
y tranquilidad que psicológicamente llamamos consolación fundamental.

¿Cómo se distinguen la verdadera de la falsa consolación?

En primer lugar, por su fenomenología o manera de presentarse.
Algunos elementos fenomenológicos son claramente diferenciables. Por ejemplo, cuando el ejercitante siente «delectaciones y
placeres sensuales» (EE 314) en sus múltiples variedades de en-
sueños y fantasías y que le satisfacen de una manera inmediata,
tumultuosamente. La satisfacción aquí obtenida se produce,
psicológicamente, según una modalidad infantil, aunque el contenido del placer puede ser erótico con fantasías sexuales adultas.
Es infantil en el modo en que se intenta satisfacer: inmediatez y
parcialidad del objeto del placer sensual o sexual. Y también por
el tipo de respuesta compensatoria en momentos en que se está
pidiendo al ejercitante que responda con adultez espiritual, respuesta en la que se busca, por medio del placer, evadirse del malestar que experimenta frente a la renuncia o cambio que debería
hacer.

Otras falsas consolaciones son más sutiles. En todas ellas se
da inquietud, turbiedad, confusión, sin tener que ver con el dolor
ante una dificultad. No son del buen espíritu. Son consolaciones
aparentes que llevan un trasfondo no de dificultad ante el esfuerzo o de dolor ante la pérdida, sino de falta de paz y sosiego.
A veces hay alegría muy intensa (euforia) pero frágil y se está

pendiente de temores de perder esa euforia. Nos encontramos aquí con un proceso defensivo en el que la consolación está al servicio de eludir el malestar que produce el camino ascético.

En las personas que proceden «de bien en mejor» pueden coexistir penosos esfuerzos con consolación fundamental en las cuales todo movimiento de espíritu que conduzca a un proceso de elaboración amorosa, aun a costa de dolorosas renuncias, puede conducir a una consolación en la que predomina el deseo amoroso sobre el impulso egocéntrico.

En segundo lugar, por sus efectos. La consolación hipomaníaca podría confundirse con la consolación sin causa precedente. En la hipomaníaca, la certidumbre clarividente de una experiencia de Dios y el grado de euforia pueden ser muy grandes. Pero no se producen los efectos de aumento de fe, esperanza y amor, ni pacificación, ni la persistencia de la alegría, que no es aquietadora del espíritu, ni permanece a modo de huella profunda que no se puede olvidar, ni abre nuevos horizontes. Más bien las creatividades que de ella nacen pueden llegar a ser destructivas.

Transcurrido el tiempo de la consolación, cuando es sin causa, hay que prevenir los engaños que pueden surgir. En lugar de la experiencia vital global, totalizadora e integradora, de la consolación sin causa precedente, pueden aparecer elaboraciones que proceden de elementos discursivos, «conceptos y juicios», de inteligencia y razonamiento, que no tienen la misma fiabilidad, aunque por su mayor delimitación y precisión pueden obtener una mayor claridad. No se han formado por una sedimentación lenta y hecha de sentimientos purificados como en el caso de la consolación sin causa precedente. En la verdadera consolación, no son los actos del entendimiento ni de voluntad, en un plano consciente, los que adquieren mayor valor de asentamiento confirmatorio, sino que son los actos o elaboraciones que se producen en nuestra mente de forma no consciente los que dan el carácter de totalidad, de certeza intuitiva vital máxima, que abre nuevos horizontes en la vida espiritual de la persona.

En tercer lugar, por su origen. En la consolación sin causa precedente, la cualidad de la experiencia permite afirmarla como verdadera consolación, sin engaño, porque Dios se comunica con el alma, de lo cual no se puede dudar. La cualidad de la experiencia es totalizante, amorosa y de fusión con el objeto amado.

En los casos psicopatológicos paranoides o histéricos, en los que se podría inducir a error, la cualidad de la experiencia psicopatológica es parcial, egocéntrica y tiende a la confusión.

Psicología de las tentaciones en la relación del acompañamiento espiritual[25]

¿Por qué abordamos la cuestión de la psicología de las tentaciones? Aunque las tentaciones son bien perceptibles, el concepto de tentación no se encuentra fácilmente en la bibliografía psicoanalítica y psicológica. Sí encontramos la noción de conflicto, cercana a la de tentación, pero en ella no se considera el sentido transcendente que tiene la noción de tentación.

¿Qué es la tentación? Tentar es probar, poner a prueba, tener que decidir ante una alternativa que por una parte mueve a atracción y por otra a rechazo. Lo que atrae es algo que se desea o se ama como bueno para uno mismo o para los demás; lo que se rechaza es sentido como malo, negativo.

Suelen darse diversas significaciones a las palabras «tentar» o «tentación»: incitación a acciones malas; atracción, deseo o curiosidad hacia algo malo; prueba para llegar a conocer hasta dónde se es capaz de resistir; poner a prueba la libertad, o la bondad, o la paciencia; verse expuesto a un peligro; inducir a alguien a alguna cosa mala; excitar los deseos.

La tentación está a caballo entre el mundo consciente y el mundo inconsciente. Conscientemente uno pugna por resistir y vencer una fuerza que emerge de un mundo interior no consciente, una fuerza que va en contra de lo que uno quiere, y se presenta de forma reiterativa, aunque se satisfaga el deseo tentador.

Las tentaciones se presentan en cualquier momento de la vida, afectan a la vida espiritual y pueden generar dudas, confusiones y engaños. Pero también pueden ayudar al crecimiento madura-

---

25   J. Font, «La depresión en la vida espiritual: desolaciones», *op. cit.*

tivo espiritual y humano en la medida en que provoquen una reacción de amor maduro frente a reacciones que buscan satisfacciones más egocéntricas. Así pues, las tentaciones, además de ser ineludibles, son necesarias para crecer humana y espiritualmente.

El objeto de la tentación puede ser una relación con Dios, pero también puede surgir en las relaciones interpersonales, en concreto, en la relación del acompañamiento espiritual y, en este caso, se le pueden presentar tanto al acompañante como al acompañado.

Experiencias más frecuentes de las tentaciones

Desde un punto de vista experimental, práctico, nos encontramos con tentaciones erótico-afectivas —que ya se presentan en los primeros estadios de vida infantil—; espirituales —que fundamentalmente consisten en idealizaciones fanáticas; ético-escrupulosas; farisaicas (o de autosuficiencia); de desánimo. Vamos a analizarlas con un poco más de atención.

Tentaciones erótico-afectivas (infantiles)

El objeto de la tentación son fantasías de escenas que despiertan sensación de placer sensorial o afectivo; escenas que, psicogenéticamente hablando, corresponden a fases primeras (infantiles-«orales») del desarrollo biopsicológico. Son fantasías que se generan en el inconsciente, tales como las que se pueden tener durante el sueño. Responden a:

— Necesidades primarias de obtener con avidez placeres egosintónicos, inmediatos y circunstanciales (autoerotismo mental): el individuo puede sentirse tentado por el deseo de algo que ya ve que puede ser malo, para uno mismo o para los otros, pero que lo domina en la medida en que le genera irresistiblemente avidez sexual, posesión del otro, etc.

— Necesidades de obtener gratificaciones afectivas de nivel vegetativo y psíquico: puede ser el caso de un flechazo de amor, muy diferente del amor fruto de una prolongada relación. Cuando el enamoramiento producto de un flechazo se ve frustrado, puede conducir a la tentación de hacer mal, o de destruir —al menos en el deseo— a la persona realmente amada por el otro. El sujeto de este tipo de tentaciones suele ser aquella persona que se encuentra en situaciones carenciales afectivas, ya sea a causa de pérdidas recientes, ya sea por dificultades psicológicas personales.

Tentaciones espirituales (seductoras y fanáticas)

Este tipo de tentaciones se puede manifestar mediante:

— Un deseo de obtener desaforadamente una estima de Dios y de las personas. En este caso se busca una satisfacción sensible, afectiva, de manera egocéntrica, y se cae en el engaño de falsas consolaciones espirituales o de fantasías de visiones y apariciones espirituales que tengan resonancia en el entorno.
— La necesidad de sentirse identificado con un Dios omnipotente, con la convicción y la clarividencia absoluta de que lo que se siente es cosa de Dios.

El sujeto de este tipo de tentaciones son, en el primer caso, personas con necesidad de atraer a otras personas de prestigio (figuras parentales) hacia una atención afectuosa, y tener éxito «espiritualmente». Todo ello debido a un intento inconsciente y erróneo de compensar carencias de protagonismo afectivo que se duelen de no haber tenido. En el segundo caso, son personas que tienen profundos miedos inconscientes de ser atacados o perjudicados, y buscan la total protección en un Absoluto a fin de no ser destruidos o aniquilados.

Tentaciones éticas (escrúpulos)

Se trata de una tentación muy frecuente y que se puede dar «bajo capa de bien». Antes era la tentación religiosa por excelencia: los llamados escrúpulos de conciencia, la «locura de la duda», la *crux confessorum*.

Son tentaciones falsamente éticas porque no se da la libertad psíquica indispensable para realizar faltas responsables. Es sentirse culpable, pecador sin serlo, y querer repararlo sin llegar nunca a alcanzar la tranquilidad buscada. O también es sentir rechazo hacia aquello mismo que se querría aceptar o amar.

El estado de ánimo que se produce en estas situaciones es de inquietud, motivada por la necesidad de perfección, ante la inseguridad de no tenerlo todo previsto, ante la amenaza de poder caer en el error y de sentirse culpable. Por eso la persona intenta tenerlo todo bajo control. Puede llegar a entender y a creer que esto no es verdad, pero siempre le queda la tentación de sentir que no será perdonada, que recibirá un castigo de parte de Dios. Emocionalmente, nada la convence de que todo eso no son más que fantasías.

Las personas que padecen esta tentación, ya sea temporalmente o de forma estable, tienen la tendencia a mantener un fuerte control psíquico sobre el cumplimiento de los deberes y obligaciones, incluso aquellos que simplemente se han imaginado ellas mismas.

El origen psicológico de este tipo de tentación estaría en las fases del desarrollo psíquico correspondientes a la fase de control (anal) que está relacionada con los aprendizajes de conductas y comportamientos sociales.

Tentaciones farisaicas (autosuficiencia)

Es un tipo de tentación de la cual se puede estar participando sin darse mucha cuenta de ello. En el Nuevo Testamento encontramos una parábola de Jesús dedicada toda ella a esta tentación.

El individuo se siente casi omnipotente, autosuficiente, creyendo que todo lo hace bien y mejor que los otros. No tiene grietas. No le hace dudar el hecho de que otro piense diferente, nada le hace cuestionarse. Si se siente frustrado en sus aspiraciones, puede llegar a sentir que Dios le ha desamparado y que en este Dios ya no puede creer más.

La persona con esta tentación suele tener una psicología con un profundo e inconsciente sentimiento de impotencia. Su mecanismo defensivo es como un caparazón protector de su omnipotencia infantil que, de llegar a romperse, provocaría un inmenso caos interior. Por eso este caparazón es tan difícil de quebrar o de reblandecer.

En el acompañamiento espiritual no es fácil ayudarle a ver su situación y realidad o, por lo menos, a que sienta un poco cómo la engaña su tentación de creerse por encima de todos.

Tentaciones de desánimo (desolaciones)

Son las tentaciones que nacen del estado de ánimo que hoy nombramos confusamente con la palabra depresión. Desde el punto de vista espiritual las llamamos desolaciones.

La tentación de desánimo, cuando es pasajera y está motivada por circunstancias vitales (espirituales y humanas), se convierte en un elemento positivo de maduración personal, ya que la alternancia pérdida-reparación, muerte-vida, desánimo-gozo, es ley de vida, es la alternancia de la lucha por crecer y madurar espiritualmente (EE 322). La tentación de desánimo se convierte en nociva cuando no se supera adecuadamente el conflicto que la provoca. Se puede apreciar en expresiones como «tengo ganas de no hacer nada de lo que tendría que hacer», o «todo me da pereza», o «no tengo ganas de vivir, deseo morir».

En la tentación de desánimo es donde se pone a prueba la buena disposición del acompañante, tanto para hacer un buen diagnóstico de la tentación —y derivarla si es preciso a una atención más específica—, como para contener con confianza honda al desolado y proporcionarle, aunque sea sin palabras, un aliento de vida que le es indispensable para seguir sobreviviendo mientras permanece en la tentación.

Psicología de la tentación: estructura y mecanismos de defensa

La tentación, desde el punto de vista psicológico, es un conflicto entre una fuerza que empuja hacia un objeto de relación deseado y que entra en contradicción con un objeto al mismo tiempo no querido. El conflicto se puede resolver cobrando conciencia libre, pero dicha resolución puede verse desviada por los mecanismos psicológicos defensivos inconscientes. Veamos cuáles son los principales aspectos que hay que considerar.

Estructura

Suele tratarse de un objeto, externo o interno a uno mismo (objeto interno mental), que atrae mediante algunas fuerzas biológicas (instinto), psíquicas (pulsión-deseo) o espirituales (estimación unitiva no egocéntrica), que entra en conflicto con uno mismo y que se manifiesta por la conciencia que decide hacia dónde inclinar las propias fuerzas. Las «fuerzas» que aquí intervienen son:

— El instinto: una fuerza biológica que tenemos en común como los animales.
— La pulsión: una fuerza psicológica propia de los humanos; es un deseo, una motivación innata anclada en el límite somato-psíquico, vivenciada como una tensión o empuje claramente perceptible proveniente y actuante en lo somático. Son ejemplos la pulsión del amor y la pulsión agresiva.
— La fantasía inconsciente: la vivencia psicológica de la pulsión, es el precipitado en nuestro mundo interior (objetos internos) de las experiencias primigenias en las que la pulsión actuó y de la respuesta que el mundo externo le dio. Por ejemplo, el niño nota que hay una cosa que es buena para él y que la puede coger, o algo dentro suyo que es malo y que ha de expulsar, o nota que es bueno

que alguien de afuera venga a ayudarle y empieza a tenerle confianza.

— El entorno: la fuerza de la pulsión depende de la intensidad y de las características de la relación personal, esto es, del entorno tanto físico como mental.

— La conciencia de sí mismo: en la medida en que el sujeto actúa con libertad, es la que decide la respuesta a la tentación, aunque hay que tener en cuenta los objetos internos que pueden condicionar en parte la decisión. En este caso, uno de los más importantes es el superyó. El superyó puede desempeñar un papel muy importante en las tentaciones. Es la parte de la personalidad representativa de la conciencia moral interiorizada (las normas, la reglas, la autocrítica, etc.). Se origina a partir de las relaciones personales infantiles interiorizadas (objetos mentales) y representa tanto las prohibiciones como los ideales.

Mecanismos de defensa inconscientes

Ante el temor de vivir algún tipo de acción o de pensamiento sentidos como atractivos o rechazables, se ponen en marcha unos procesos defensivos inconscientes, que pueden llegar a ser perjudiciales. Así, desde el punto de vista del inconsciente, la tentación sería una expresión psicológica de lo que pasa cuando entra en juego algún mecanismo de defensa protector para huir de aquello que es vivenciado como rechazable o como peligrosamente atractivo.[26] Enunciaremos algunos de estos mecanismos defensivos más primarios:

— Mecanismo de proyección: el mal que se sufre interiormente sale, se proyecta hacia un objeto o persona externa, que se convierte así en alguien temible o perseguidor,

26 En cambio, desde el punto de vista consciente, la tentación sería encontrarse ante la alternativa de escoger, en conciencia y libertad, entre las posibilidades en aras a la resolución del conflicto.

y puede despertar sentimientos de envidia, de destrucción de aquello de bueno que tiene el otro, de sentirse perseguido, atacado y defenderse también atacando.

— Mecanismo de negación inconsciente de la realidad conflictiva como si no existiera. Esta protección intenta conseguir no diferenciar el bien del mal.

— Mecanismo de escisión: la realidad percibida se separa en dos partes no integrables, una buena y otra mala, a fin de brindar protección frente a la amenaza de la mala, ignorándola (negación) o atacándola (proyectando en ella el mal).

Pero hay otros mecanismos de defensa, más sofisticados y evolucionados:

— Mecanismo de represión: se da cuando una persona rechaza pensamientos, sentimientos o deseos vinculados a una pulsión (libidinosa), mantenidos en el inconsciente. Dichas pulsiones son deseadas inconscientemente y rechazadas conscientemente.

— Mecanismo de anulación y aislamiento: ante el sentimiento de culpabilidad obsesiva del superyó (escrúpulos), es decir, la tentación de haber pecado gravemente sin ser esto verdad, para librarse de la culpa, intenta anularla (mediante rituales) o aislarla (separar las ideas de los sentimientos) con maniobras o mecanismos inconscientes.

— Mecanismo de disociación inconsciente: al sentir la tentación de afecto intenso y prohibido hacia un objeto o persona, se separa (disocia) y se deja en el campo inconsciente la parte de la consciencia que resulta penosa.

Diversos grados de dificultad en las tentaciones

Aquí quisiera simplemente insinuar algunos puntos que pueden sugerir posibilidades de un diálogo ulterior.

En primer lugar, hay diferentes *grados* de atracción hacia el objeto de la tentación, según sean los diferentes niveles neuropsicológicos de afectos, emociones, estimación y amor. Grados que van desde una atracción elemental biológica, pasando por una estimación psicológica cada vez menos egocéntrica, hasta un nivel de amor generoso, espiritual, sublime. Se pasa, pues, por una gradación de niveles de estimación, desde los psicológicos infantiles hasta los más maduros y adultos. Estas atracciones y deseos pueden coexistir, como ocurre en la tentación, en la que uno puede optar por un deseo u otro. Por ejemplo, me atrae comer un helado para satisfacer mi propio placer y, al mismo tiempo, lo rechazo porque deseo ir recogiendo dinero para la gente que pasa hambre.

En segundo lugar, hay diversas *dificultades* en las tentaciones; algunas de ellas son:

— Hay tentaciones saludables: estas proceden de un conflicto entre niveles de estimación: la estimación de más valor frente a la de menos valor. Estas tentaciones son como pruebas en las que la parte libre y consciente del sujeto decide lo que considera mejor, haciendo un proceso de duelo saludable. Es el caso, por ejemplo, de una renuncia a una satisfacción erótica o afectiva (deseo o estimación biológica o psíquica) a fin de alcanzar una estimación espiritual personalmente más valiosa.

— Hay tentaciones leves: en este tipo de tentaciones predominan los mecanismos de defensa de disociación, represión y control. Los casos más típicos son autoculpabilizaciones, escrúpulos, seducción afectiva, exhibición, celos, etc.

— Hay tentaciones persistentes: en estos casos los mecanismos defensivos vienen de estructuras resistentes al cambio. Aquí, las tentaciones presentan más dificultades para ser concienciadas y combatidas por el sujeto. Predominan, pues, mecanismos de defensa de negación, maníacos y de proyección. Es el caso de engaños «bajo capa de bien», mentiras inconscientes, exaltación narcisista, avidez y dependencia adictiva.

— Hay tentaciones graves: en ellas predominan los mecanismos defensivos de proyección y de introyección masivos, o de escisión. Se expresan, por ejemplo, en envidias, autodestrucción, violencia física o moral, idealizaciones, omnipotencia, fundamentalismos.

Tentaciones en las relaciones personales entre acompañante y acompañado

Al describir las tentaciones más frecuentes nos hemos referido sobre todo al acompañado. Pero en la relación interpersonal acompañante-acompañado, el acompañante puede sentir también las mismas tentaciones, ya sea inducidas por el acompañado, ya sea originadas en el mundo interno del acompañante. Veámoslas:

— Tentaciones *eróticas* de excitación sensual o tentaciones afectivas de enamoramiento: en ambos casos ayudará cobrar conciencia del objetivo de la relación de acompañamiento espiritual; objetivo incompatible con una relación erótico-afectiva.

— Tentaciones *espirituales*: tales como la tentación de ofrecer al acompañado la manera de obtener afectividad espiritual fácil, agradable y superficial o la tentación de inducirle a experiencias idealizadas, fantasiosas. En tal caso será necesario valorar si tal persona está realmente capacitada para ejercer la misión de acompañar.

— Tentaciones *éticas*: o tentación moralizante hacia el acompañado. Se puede llegar a inducirlo en las propias restricciones morales que tal vez el mismo acompañante está sufriendo. Lo propio de un buen acompañamiento es procurar que la persona acompañada pueda ganar en libertad interior para descubrir y seguir los caminos que Dios quiere para ella.

— Tentaciones *farisaicas*: es la tentación del acompañante de hablar de sí mismo poniéndose como ejemplo válido. O bien creer que la propia experiencia espiritual es la única que le puede ir bien al acompañado. En tal caso, una supervisión del acompañante puede ayudarle a detectar esta tentación que, en grados diversos, afecta a acompañantes excesivamente seguros de sí mismos.

¿Cómo ayudar desde el punto de vista psicológico al tentado?

Lo fundamental y esencial es, en todos los tentados, favorecer el desarrollo de su salud mental lo cual, en clave espiritual, consiste en favorecer el crecimiento en el amor y el desprendimiento de los egoísmos. A partir de ahí, pueden ayudar algunas de estas sugerencias psicológicas:

— Acoger con confianza al tentado.
— Procurar comprender cuál es el fondo de su tentación (si él no lo ve claro) para poder ayudarlo a aclararse.
— Prestar atención a lo que puede llegar a removerse en el interior del acompañado que expresa su tentación.
— Procurar que el tentado sienta que puede confiar siempre en su acompañante.

Epílogo
Entrevista al doctor Jordi Font:
impulsor de proyectos, impulsor de personas[1]

Impulsor de proyectos, pero sobre todo impulsor de personas, Jordi Font i Rodon es, para todos los que lo conocen, un referente. Su humanidad, su pasión por el conocimiento y su visión de futuro, su generosidad ilimitada, su capacidad de escuchar y valorar las opiniones de los demás, lo han convertido en una de las personas más queridas y respetadas de nuestro ámbito. Muchos psicoanalistas hemos aprendido de su ejemplo como psiquiatra, como psicoterapeuta, como persona.

Trayectoria formativa

Temas de Psicoanálisis: *Estudiaste Teología en Frankfurt. ¿Cuál fue tu experiencia en esa ciudad, procediendo de la posguerra española?*

Jordi Font: Frankfurt fue una ciudad de las más castigadas por la guerra. Cuando llegué en 1958, sus edificios estaban todavía medio deshechos, pero sus habitantes tenían la fortaleza reconstructora física y moral que los caracteriza.

La inmigración española era numerosa. Muchos eran obreros especializados. Iban para ganar dinero y volver a su país. Emigraba el hombre, y la familia se quedaba en España. Ya en Alemania, buscaban soporte afectivo y moral, la gran mayoría hombres, y acudían a la Iglesia católica recuperando una práctica religiosa que habían abandonado. Me impresionó ver a hombres

---

1 Entrevista de Josep Beà y Víctor Hernández publicada en la revista *Temas de psicoanálisis* 3 (enero de 2012).

que se sentían libres en lo religioso que, después de veinte, treinta o más años, se interesaban vivamente por la religión. Y no solo por las prácticas religiosas de los sacramentos: misa y confesiones... No dábamos abasto con tanta demanda. Sabían diferenciar lo auténtico y nuclear de la religión de las instituciones... En España estábamos en tiempos de la dictadura de Franco.

En mi caso de inmigrante cultural, tras la dificultad inicial no breve, encontré un país en el que se aprende a trabajar seriamente, en profundidad, científica y humana. Y encontré compañeros con sensibilidad que, una vez establecida una amistad, te daban su confianza y recibían mi propia confianza. Un país que se hacía amar. Además, como decía un visitante español: «¡Es un país en el que todo funciona!».

Estudié en Frankfurt los cuatro años prescritos para obtener la licenciatura en Teología (1958-1962). Además de obtener una formación teológica rigurosa, allí pude aprovechar para ir encauzando mi formación en psiquiatría y, en especial, en neurobiología, interesado como estaba en el estudio de la actividad mental, que había sido tema de fondo en mi tesis doctoral que acababa de defender en Barcelona: «La fatiga en relación con la actividad mental. Estudio clínico y electroencefalográfico» (1958).

En Alemania tuve ocasión de acercarme y conocer algunas clínicas universitarias psiquiátricas. Tuve una breve estancia en el Max Planck Institut, entonces en Gissen, donde trabajaba un equipo de catedráticos dedicados a la investigación del cerebro en sus diversas disciplinas. Me interesé en especial por la neuropsicología. Significó recibir un impulso para seguir en la línea emprendida cuando se me ofreció, por parte del director, entrar a formar parte de sus grupos de trabajo, diciéndome que en España eso que yo buscaba no lo podría hacer... Fue tentadora la propuesta. Aprendí a aceptar los límites y hacer el duelo de la renuncia que posibilita seguir adelante en la vida.

T. de P.: *¿Cómo surge tu vocación médica?*

J.F.: En mi casa y familia se vivía el ambiente médico. Mi padre y luego dos hermanas y un cuñado han sido médicos. Desde los 15 años ayudaba a mi padre, oftalmólogo, en la consulta o acompañándolo al hospital en sus intervenciones quirúrgicas.

Sin embargo, mi padre no trataba de que eligiera la medicina como profesión; al contrario, me decía que me sintiera libre para escoger. A mí me gustaba todo… y la medicina. ¡Me mareé el primer día que entré en el quirófano! Me atraía el trato con los enfermos, ayudarles a que se curaran y pudiesen tener la alegría de volver ver. Muy pronto pude empezar a operar cataratas y devolver la vista a algunos ciegos.

Pienso que, además de la influencia de mi padre, tuve el deseo de ser médico atraído por los saberes y conocimientos abiertos a la complejidad y a las incógnitas del ser humano, no encasillables lógica o matemáticamente: «Medicina: $2 + 2 = 3$ o 5» era el lema de un póster que colgué en la pared de mi habitación de estudiante en la residencia en la que viví los primeros años de la carrera.

Me atraía la cirugía como un juego de habilidad, pero mi vocación iba hacia la medicina «interna», la medicina total, en la que la especialidad de oftalmología permitía investigar a través de una ventana excepcional que se abre en el cuerpo humano: ¡la retina! Mis maestros, el doctor Máximo Soriano, que nos formó durante tres cursos en una exhaustiva enseñanza de la medicina, casi «germánica», y el doctor Hermenegildo Arruga, genio de la oftalmología con quien tuve la fortuna de entablar una amistosa relación como discípulo, fueron configurando y asentando mi «primer amor» por la medicina y la oftalmología que aún persisten en mí.

T. de P.: *Comenzaste especializándote en oftalmología. ¿Cómo y por qué cambiaste de la oftalmología a la psiquiatría? ¿Crees que tuvo que ver con tu vocación religiosa?*

J.F.: Sí, ciertamente. Y diría que con mi vocación como persona. Yo amaba y amo la oftalmología como parte del saber científico médico, pero sin buscarlo intencionadamente me encontré con que podía amar a la persona humana enferma toda entera. Pasar de los ojos externos a los ojos «internos».

Me explico. Cuando después de mucho tiempo considerándolo decidí optar por la «vida religiosa» e ingresar en la Compañía de Jesús fue un cambio radical, un «quemar las naves», con gran disgusto de mi maestro el doctor Arruga. Eso suponía que después de la formación espiritual y humana que recibiría, quedaba disponible para cualquier ocupación que se me quisiese encargar para atender a las necesidades actuales y en cualquier parte del mundo; donde se creyese que había más necesidad de ayuda.

Así pues, al quedar yo disponible totalmente para ayudar de la mejor manera a quien y adonde fuese, renunciaba a mis propios intereses y los ponía al servicio de los demás. Evidentemente esa opción «trascendente», que supone una mayor radicalidad, forma parte de la «vocación».

Me había puesto en esa situación de disponibilidad. Pero no habían pasado ni dos años cuando mi superior religioso me sugirió que me dedicara a la psiquiatría. Por eso he dicho que me encontré, sin buscarlo yo expresamente, que se cumplía mi aspiración a dedicarme a la persona humana enferma toda entera, tal y como yo entiendo la psiquiatría, la medicina psicológica.

T. de P.: *Te formaste en la psicopatología fenomenológica. ¿Qué te aportó y qué limitaciones detectaste en el enfoque? ¿Qué te condujo al psicoanálisis? ¿De qué manera lo encontraste?*

J.F.: Terminados los estudios de Filosofía dentro del proceso de estudios como jesuita, se me ofreció la oportunidad de completar mi formación médica con el doctorado. Era el año 1955. Quise escoger un tema que me interesaba desde hacía tiempo y que respondía, a mi entender, a una de las zonas más oscuras entonces, y aún ahora, entre la neurología, la psicología y la medicina. Se trataba de una patología casi endémica que abundaba especialmente entre estudiantes de niveles superiores. En su argot le llamaban «cabezas rotas». Eran jóvenes capaces de estudiar pero que se «rompían la cabeza» estudiando: cefaleas, insomnio, cansancio, fatiga, dolores corporales, etc., sin que respondiera a una etiología conocida y que solo se aliviaban con una terapia sintomática. ¿No nos hace pensar en la «fatiga crónica» y la «fibromialgia» actuales? Concentré mis esfuerzos durante dos años de dedicación exclusiva. Ya he dicho antes que la tesis llevaba el título de «La fatiga en relación con la actividad mental. Estudio clínico y electroencefalográfico». Recuerdo con emoción al doctor Agustí Pedro Pons, presidente del tribunal, interesándose vivamente por los minuciosos exámenes que practicamos del pH urinario, de las alteraciones electrocardiográficas y las modificaciones en el ritmo beta electroencefalográfico, y con la conclusión de que no se «rompía» ninguna neurona y que el factor emocional era lo que podíamos detectar y registrar.

Este estudio fue como un indicador de mi dedicación futura: la unidad cerebro-mente-espíritu. La concomitancia de lo neuronal y lo mental.

Terminada la tesis, y ya en Frankfurt, tuve ocasión de hacer una estancia en el Max Planck Institut, dedicado al cerebro, como ya he dicho. Allí encontré lo que yo buscaba y deseaba empezar a investigar. El director se dio cuenta y me ofreció que me quedase... una tentación para mí, ¡pero no se puede hacer todo! Guardo, eso sí, un recuerdo vivo y estimulante.

Durante los cuatro años que permanecí en Alemania busqué con interés las ocasiones de conocer la psiquiatría alemana con su extensa y profunda fenomenología psicopatológica. Karl Jaspers significaba para mí la conjunción de los conocimientos psicopatológicos y filosóficos. Aún no había podido conocer de cerca el psicoanálisis.

T. de P.: *Háblanos de tu relación con el psicoanálisis como modelo de comprensión de la mente y del papel que ha desempeñado en tu práctica asistencial.*

J.F.: Efectivamente, a mi regreso a Barcelona, terminados los estudios, no fue por azar que entre distintas propuestas que se ofrecían en el ámbito psicopatológico me orientara hacia el psicoanálisis. Me pareció que era el modelo más idóneo para profundizar en el conocimiento y la investigación de la persona humana en toda su complejidad corporal, y mental, y como hecho concomitante para la comprensión de la evolución madurativa espiritual. Recuerdo un libro de W.R. Fairbairn, *Estudio psicoanalítico de la personalidad*,[2] que contribuyó a mi interés por el psicoanálisis.

Me pareció un camino para descubrir horizontes exploratorios intuidos, aunque no conocidos, arriesgados y con objetivos prometedores a diferencia de los que ofrecía la, por otra parte, rica y exhaustiva fenomenología psicopatológica alemana.

---

2 W.R. Fairbairn, *Estudio psicoanalítico de la personalidad*, Buenos Aires, Hormé, 2001.

Estas esperanzas se han visto satisfechas en la práctica asistencial. Las variables subjetivas que pasan desapercibidas, cuando no negadas, en la «medicina de la evidencia», son en parte la expresión de la realidad del mundo inconsciente, campo de abordaje psicoanalítico.

Tuve ocasión, en mis largos años de clínica psiquiátrica en la Facultad de Medicina de Barcelona, y en el Departamento de Psiquiatría del Hospital Sant Pere Claver, de formar un equipo asistencial de orientación psicoterápica analítica, con psiquiatras, psicólogos y trabajadores sociales, entre los años sesenta y ochenta.

Pero no solo la asistencia. Era en el año 1964 cuando me inicié en la docencia universitaria en la recién creada Escuela Profesional de Psiquiatría de la Facultad de Medicina de Barcelona con la asignatura Psicopatología General. El programa que elaboré para el primer curso tenía un *jasperianismo* innegable. Pronto fui evolucionando, introduciendo mis «descubrimientos» en psicopatología, gracias a la inmersión antropológica en al que tuvo buena parte mi aproximación a los conocimientos psicoanalíticos. Dilthey, la fenomenología de Bergson, entre otros, tenían su papel. En los últimos cursos, mi programa de Psicopatología General versaba sobre temas como la salud mental y la enfermedad, que eran las bases a partir de las que tratábamos de comprender al ser humano en su complejidad evolutiva mental y psíquica.

T. de P.: *¿Podrías decirnos algo de tu psicoanálisis personal?*

J.F.: En los años sesenta hablar de religión en el mundo psicoanalítico no era precisamente una muestra de buena salud mental o de buena información científica. Mi amigo, el doctor Josep Beà Montagut, psicoanalista de gran prestigio y humanidad, hombre de fe, ha explicado públicamente en la Sociedad Española de Psicoanálisis cómo tuvo que enfrentarse a aquella situación de los años sesenta, tan distinta en la actualidad. Fue en esa misma época, yo pertenecía ya a la Compañía de Jesús, cuando tomé la decisión de iniciar la experiencia psicoanalítica. La postura de la Iglesia católica tampoco era demasiado favorable respecto al psicoanálisis. Acababa de aparecer un documento del Vaticano (*Acta Apostolicae Sedis*, 15 de julio de 1961) en el que se leía que los sacerdotes y los religiosos no acudieran a los psicoanalistas si no era por motivo grave y con autorización de su obispo. Aunque la respuesta a la consulta que hice al superior de los jesuitas fue que yo hiciese en conciencia lo que juzgase que debía, eso motivó que se retrasase el comienzo de mi psicoanálisis.

Busqué un psicoanalista que me inspirara confianza como profesional y como persona, no precisamente «creyente», pero que fuera capaz de comprender mi experiencia religiosa.

A lo largo de los años así lo constaté y lo agradecí. También comprendí que la experiencia psicoanalítica era interactiva. Me di cuenta de que la experiencia de fe (confianza básica, tal como lo expresa Bion) no solo no era interferida, sino que se podían descubrir filtros defensivos que dificultaban una experiencia más libre y profunda.

Uno se puede preguntar por qué no busqué iniciar una formación psicoanalítica que yo mismo tanto valoraba. Por dos razones. Una que dada mi edad y la dedicación de tiempo disponible no lo veía compatible. Y otra, quizá no suficiente analizada... por qué con un «noviciado»... ¡ya había tenido bastante!

La relación con mi psicoanalista, posterior al análisis, no solo ha sido de agradecimiento y amistosa, también hemos compartido intereses investigadores comunes.

T. de P.: *¿Qué personas recuerdas que desempeñaron un papel importante en tu formación personal y profesional?*

J.F.: Mi padre, sin yo darme cuenta, en cuanto a mi vocación médica y en la ilusión por una vida con ideales humanos y espirituales. Y en el sentido de ideal de vida, el grupo de compañeros de Tarragona nacido al final de bachillerato y mantenido después.

Luego lo profesional. En oftalmología, acabado mi período de «alumno interno» en la Cátedra de Oftalmología de la Universidad de Barcelona, estuve asistiendo a las enseñanzas de mi maestro, el Dr. Hermenegildo Arruga, como ya he dicho. Durante un período de tiempo que para mí fue memorable, en el cual Arruga me mostró una especial y amistosa atención que solo se interrumpió, con gran disgusto por su parte —le causé una profunda decepción— al decirle que dejaba la oftalmología porque iba a ingresar en la vida religiosa.

En mi época en Alemania, de estudios teológicos y de abrir perspectivas psiquiátricas, me impresionó y me marcó el rigor y seriedad de trabajo investigador tanto en el campo teológico-bíblico-espiritual, como en el neurocientífico. Recuerdo teólogos como los profesores Hirschmann, Kofler, Neil-Breuning, Grilmeier... Y el equipo del Max Planck Institut en Giessen.

En la carrera de Medicina tuve como maestro al Dr. Máximo Soriano, catedrático de Medicina, discreto en su apariencia pero repleto de conocimientos que tuvo la peculiaridad, escasa en algunos genios, de transmitirnos y ayudarnos a incorporar sin lagunas el saber y la práctica de la medicina.

En lo personal para mí sigue siendo un modelo de vida el Dr. Pere Tarrés, a quien conocí y traté con frecuencia siendo yo estudiante de Medicina. Tarrés fue un médico, ordenado sacerdote ya mayor, que en la breve trayectoria de su vida entregó su potencia intelectual y sus capacidades humanas a procurar salud y bienestar humano y espiritual primero como médico en campaña en el frente republicano, en la guerra civil, y como médico asistente en el Servicio de Medicina I, en el Hospital Clínico, y luego como sacerdote en una desbordante y humilde entrega a los más necesitados. Murió a los 40 años.

T. de P.: *En 1976 se celebró en Perpiñán el IX Congrès de Metges i Biòlegs de Llengua Catalana. Compartiste el trabajo de la ponencia sobre la definición de salud con Jordi Gol, entre otros. ¿Qué podrías recordarnos de él? Háblanos de tu relación con Jordi Gol y de lo que él representó para ti.*

J.F.: Eran momentos de evolución política y social, y la medicina, entendida no solo como una técnica, sino como un hecho humano, pedía su lugar. Nuestra generación, a mi parecer, vivía con esperanza el renacer de la ciencia humana. Creo que el congreso de Perpiñán fue el núcleo de cristalización de una atmósfera saturada de inquietudes.

La Acadèmia de Ciències Mèdiques de Catalunya i de Balears y la Societat Catalana de Biologia hacía años venían celebrando el Congrés de Metges i Biòlegs de Llengua Catalana, que fue interrumpido durante la guerra civil, y luego no fue autorizado por el régimen de Franco.

Se pudo reemprender en 1976, y una de las ponencias fue «Función social de la medicina». Era el momento de intentar una reflexión profunda y una práctica humana de la medicina.

Hubo una mesa redonda coordinada por Jordi Gol dedicada a la salud. La componíamos diez personas. Nos habíamos reunido periódicamente durante muchos meses. En el intervalo, cada cual debía profundizar en su punto de vista y compartirlo. ¡Cuántos recuerdos de reflexión…! Ha sido uno de los momentos que he vivido con más intensidad, atraído por una convicción: la salud de la persona humana era una dimensión antropológica básica que íbamos descubriendo y que había que ayudar a construir. Jordi Gol y yo nos dedicamos específicamente a proponer una definición de la salud. Fue una tarea vivida con ilusión y creatividad. Como me decía Jordi, en cada encuentro nos fecundábamos mutuamente. Habíamos sido compañeros de curso y amigos; ahora nos unían vínculos de compenetración ideológica y humana, el anhelo de profundizar en el saber de la persona. Seguimos, después del congreso, trabajando con ilusión. Jordi murió no mucho después, inesperado y súbitamente. Un día me dijo: «Jordi, ¡ya hemos dicho todo lo que teníamos que decir!».

T. de P.: *¿Son vigentes hoy las conclusiones de la ponencia sobre la definición de salud? Para quienes no conozcan la definición, ¿puedes recordarla y explicar el concepto de bien-ser?*

J.F.: En octubre de 2008 se celebró en Girona el XVIII Congreso de Metges i Biólegs de Llengua Catalana, y se me pidió que hablara sobre la definición de Perpiñán, «su origen y su vigencia». Respondí explicando el origen de la definición, pero no valoré su vigencia ya que, sobre esta, eran los actuales psiquiatras los que podían responder mejor.

Hay que señalar que ya en la introducción de la definición de salud de Perpiñán decíamos: «Una definición de salud no puede ser dada como definitiva de una vez para siempre. Necesariamente será parcial y evolutiva… dependerá de factores culturales, antropológicos e ideológicos».

Nos pareció además que debíamos precisar un término que aparecía en la definición de salud formulada en 1946 por la Organización Mundial de la Salud. Allí se decía que la salud era «un estado de completo bienestar físico, mental y social». Para nosotros el «bienestar», a no ser que el «completo» indique otra cosa, no expresa lo que el término «bien-ser». Bienestar podría hacer pensar en evitar conflictos, conseguir eliminar el malestar adaptándose no en profundidad sino superficialmente. Bien-ser, en cambio, es compatible con, e implica, situaciones de malestar ineludibles que son fuente de crecimiento evolutivo y de la salud.

Para su divulgación se concibió el eslogan: «Salud es la manera de vivir autónoma solidaria y gozosa»; es decir, la salud es expresión de la vida, a diferencia de la enfermedad que es solamente un accidente que si es superado aumenta la salud, como se pretende con una vacuna antiinfecciosa.

Los siete indicadores de salud que proponíamos abarcan la salud de la persona en su dimensión corporal, mental y social. Si cabe insinuarlo en pocas palabras, diría:

— Adaptarse al entorno o cambiarlo.
— Crecer siempre.
— Creatividad personal constructiva.
— Autonomía, con capacidad de autonormativizarse, de formar criterio.
— Aceptar los límites, hacer los duelos, la muerte, y trascender.
— Relaciones intra e interpersonales satisfactorias en ambos casos.
— Obtener (satisfacción), gozo, en la misma prosecución de lo que se busca, no solo en la consecución.

La sociedad y la cultura actuales

T. de P.: El malestar en les societats del benestar *es el título de un trabajo tuyo del año 1999. ¿Cuál es ese malestar?*

J.F.: Si ahora, en 2011, me preguntaran nuevamente sobre el malestar de las personas en nuestra sociedad actual, diría que basta con leer los informativos de cualquier país para encontrar respuestas «indignadas» ante un malestar originado por causas diversas. Pero no se apunta ninguna solución social consistente que nos sirva para salir de la crisis ante ese malestar. A mi parecer se está gestando, con intermitencias, pero de manera progresiva, un malestar social alimentado por nuestros comportamientos personales y colectivos, tal como intenté apuntar hace doce años.

Por diferentes que sean los comportamientos personales según los individuos, creo que tienen algo en común. Y es que en la relación con el entorno se trata de evitar todo posible sufrimiento, con lo que la capacidad adaptativa del ser humano queda privada de una evolución creativa. Y también se priva de la satisfacción que se genera al procurar superarse. Esa satisfacción es compatible con el sufrimiento.

Buscar el propio bienestar personal o grupal, egocéntricamente, conduce al malestar que se quería evitar. Expresado en términos psicoanalíticos, estamos hablando de la dificultad de hacer «duelos» saludables. Hay que saber aceptar o renunciar a carencias o pérdidas a fin de obtener una nueva experiencia satisfactoria. Cuando se quiere evitar el dolor del duelo, para mantener el bienestar, los deseos de obtener satisfacciones se sacian y saturan a costa de placeres y satisfacciones de «bajo nivel», y así se privan de emociones y sufrimientos de más «alto nivel», lo cual es obstáculo para una mayor calidad de vida. Las defensas narcisistas ofrecen al sujeto un aparente y engañoso evitar las dificultades, sea ante las personas o sea frente al entorno, pero lo que se obtiene es mayor malestar.

Para el sujeto narcisista es el entorno el que no se porta bien con él y le crea un malestar permanente. Como le ocurre al niño que se da de cabeza contra una mesa y, al recibir el coscorrón, pega a la mesa porque la mesa es mala.

T. de P.: *¿Cómo ves los valores y la espiritualidad imperantes en la sociedad en que vivimos?*

J.F.: Lo «imperante», lo que se ve en los anuncios televisivos, no son los valores y la espiritualidad. En cambio, lo que se constata en muchas personas de hoy es distinto. ¿Qué está ocurriendo en la sociedad? Se percibe un interés creciente en tratar de valores, espiritualidad, calidad de vida, de sentido de la vida, una realidad que trasciende… No digo ya en los ámbitos religiosos, sino en el mundo científico. ¿Buscamos una realidad que no resbale en la superficialidad plana de un mundo en una rápida, casi frenética, evolución técnica y material? Desde una perspectiva antropológica, la evolución personal del ser humano se produce en un *continuum*, en períodos evolutivos. En los más elementales o tempranos predominan las relaciones con el mundo externo, empírico, y en las relaciones personales predomina el egocentrismo. En los períodos en los que predominan la relación simbólica y el lenguaje en la comunicación interpersonal, se busca ya la alteridad personal por ella misma y las expresiones del arte que trasciende. Y dando un paso más, existe en el ser humano una tendencia a buscar más allá de lo conocido, para compensar su carencia y su incomplitud.

Este último paso no se realiza sin más. Se puede dar ya sea por un deseo eficaz de búsqueda o ante una situación personal traumática o catastrófica que propicia el abrir los ojos al mundo interior, no sin esfuerzo y sufrimiento, y no es raro que eso ocurra. Este camino a recorrer conduce a una nueva calidad de vida, a una experiencia propia, específicamente humana, que intuye el nivel mistérico (místico) de la realidad total y única.

Bueno, me estoy pasando… Lo malo es que si no nos pasamos… la vida entra en monotonía, falta de sentido, falta o pérdida de «valores», de lo que vale la pena vivir, no a modo de un miraje sino como *pal de paller* o pilar fundamental en la construcción de una vida.

Pensemos que las incorporaciones progresivas que se realizan en el proceso evolutivo humano requieren tiempo de asimilación a fin de ir configurando la realidad interior, la «invariante» de Bion, que permita captar el mundo trascendente, «espiritual», el mundo de los valores, de la «realidad última».

T. de P.: *Te has interesado con tus compañeros de la Fundació Vidal i Barraquer en el tratamiento de parejas. ¿Cómo has visto la evolución de las relaciones de pareja en las últimas décadas? ¿Hasta qué punto los cambios socioculturales influyen no solo en la dinámica de las parejas, sino también en las demandas de ayuda y en la técnica del tratamiento?*

J.F.: Permitidme un antecedente. Debo reconocer que, desde el inicio de mi actividad asistencial, si bien se da en mí un cierto autodidactismo, siempre he creído en la creatividad de lo interactivo y he procurado propiciar relaciones interpersonales trabajando en equipo. Ya en el mismo inicio de la Fundació Vidal i Barraquer fuimos tres compañeros los que formamos el primer grupo.

En el servicio de psiquiatría del Hospital Clínico mi equipo estaba formado por un psiquiatra, un psicólogo y el trabajador social, hecho bastante insólito en los años setenta. Con ello intentaba aprovechar al máximo las dimensiones comunicativas que se dan en la relación personal, no solo en el nivel consciente. Era práctica habitual en nuestra asistencia clínica que después de atender al paciente individualmente, lo citábamos junto con sus familiares próximos, no solo para «informarles» sino para establecer o crear en ellos nuevos canales de comunicación interpersonal que estaban obturados o no habían existido.

Dicho esto, no es de extrañar, pues, que el tratamiento de los conflictos personales —cuando estos son vividos en el núcleo de la convivencia familiar real o al menos virtual— nos sugiriera el abordar el tratamiento de la pareja. El vínculo de la pareja y su entorno despertó en nosotros el deseo de investigar. Llevados de la mano por el Dr. Josep Beà y el Dr. Antoni Bobé, empezamos un seminario para diagnóstico y tratamiento de los conflictos de pareja que aún continúa, después de cuarenta años.

¿Cómo ha evolucionado la pareja? Desde la perspectiva psicoanalítica podemos aportar un hecho a tener en cuenta, si atendemos a lo que constituye la relación personal de «vínculo». Sabemos que para que exista un objeto interno mental en la mente de cada miembro de la pareja y formado entre los dos, se requiere que ambos en su relación sean capaces de perder el miedo a ser penetrados mentalmente por el otro y a ser modificados por el otro, de modo que esto pueda dar lugar al nacimiento de una «criatura mental». Cuando se da esa recíproca compenetración en los dos miembros de la pareja suele ser factible y de buen pronóstico una psicoterapia psicoanalítica de pareja.

¿Puede tener una influencia negativa en el tratamiento de pareja la dificultad de elaborar duelos que existe en la sociedad actual, como hemos señalado más arriba? Pienso que sí. Vemos que actualmente la relación de vínculo en la pareja aparece debilitada. Con frecuencia acude al psicoterapeuta un solo miembro de la pareja, buscando apoyo, consejo, y que se le reconozca que el conflicto surgido en la relación es debido no a él sino a su pareja, o en todo caso a alguna circunstancia de su entorno.

T. de P.: *¿Hacia dónde te parece que evoluciona la familia como grupo básico para el desarrollo de la mente?*

J.F.: No lo sé... Hay tal complejidad de variables sociales, culturales, religiosas y grupales... En todo caso, pienso que la matriz, lo nuclear de nuestra existencia compartida, existe en todo ser humano.

Se ha hablado de grupos primarios y grupos secundarios. El primario es aquel en el que la finalidad de sus miembros es tender hacia el crecimiento del propio grupo. Es su objetivo intrínseco. Cada miembro tendrá además otras actuaciones y relaciones extrínsecas al grupo, que aportarán enriquecimiento y crecimiento al grupo. La vinculación en este grupo es intrínseca, unidos por lazos profundos y permanentes: lazos de sangre en la familia o, según suponía el mismo autor, lazos de un amor radical a Dios en la «familia religiosa», que sería el vínculo que los congrega a vivir como hermanos en una misma comunidad.

Grupo secundario sería aquel en el que sus miembros se unen para obtener objetivos compartidos, pero que son extrínsecos al propio grupo. Su vinculación es extrínseca, pero están unidos por intereses o aficiones comunes. Hay diversidad de fines u objetivos: políticos, deportivos, científicos, incluso obras de caridad, estilo misionero u ONG. El objetivo del grupo secundario es compartido por sus miembros, aunque su duración no es definitiva.

En la realidad, todo grupo, y también la familia, participa de alguna manera en los aspectos primarios y secundarios. La familia humana, para que sea consistente, debe acercarse al modelo primario en el que lo específico es la unión afectiva de sus miembros, junto con su capacidad de elaborar los duelos vitales en su dinámica de nacimientos y muertes.

T. de P.: *Un tema que te ha ocupado y preocupado es el de la formación psicológica de los médicos. ¿Cómo ves la práctica de la medicina actual? ¿Cómo debe ser un «médico de personas»?*

J.F.: Posiblemente cada cual ve la vocación médica y la práctica de la medicina según él mismo la ha ido entendiendo y experimentando. Sentí vocación hacia la medicina, y la sigo sintiendo, vivida como la manera de acompañar a la persona que tiene padecimiento, dificultades, que sufre, y ayudarla a que rehaga su vida, la vida que ella ya tiene dentro potencialmente. A partir de una medicina que atendía solo a lo visible en el cuerpo, he ido descubriendo una medicina que ve a la persona como un interrogante, una medicina que habla de lo que no es visible, ni tal vez comunicable, pero que está en la raíz del sufrimiento.

Este descubrimiento surgió en la época en que practiqué la oftalmología. Desde la ilusión con la que yo actuaba quirúrgicamente, con técnica meticulosa, por ejemplo, en una intervención de dacriocistorrinostomía, o en una intervención de catarata que en aquel entonces era una auténtica aventura, mi ilusión y afición a la medicina fue tomando otro cariz, a medida que descubría, sobre todo en la asistencia médica, la influencia de factores desconocidos que saltaban insolentemente a la vista. Descubrí que el seguimiento terapéutico practicado por un médico que se interesaba por su paciente era mucho más exitoso que cuando el mismo tratamiento lo realizaba otro profesional con menos atención personal, aunque fuera un gran experto.

¿En qué se podía basar este fenómeno? Iba comprendiendo que todos necesitamos sentir cierta seguridad y poder depositar confianza en el tratamiento médico, tanto el médico como el paciente. Pero si la seguridad del médico se basa únicamente en la buena técnica quirúrgica o en la eficacia del fármaco sin contar con el paciente, no surte el mismo resultado que si en la misma actuación se establece por parte del médico una relación de confianza con el paciente, percibida por el mismo paciente. Son dimensiones de la persona que no por no ser visibles son menos influyentes.

Sobre la práctica y la formación en la medicina actual conozco solo la evolución acaecida en las últimas décadas y en nuestro actual entorno científico.

Es generalmente observable, creo, que en la teoría y la práctica de la medicina actual en España y en Cataluña existe un predominio exaltadamente ilusionado de los recursos técnicos y en cambio se contempla un vacío en la formación y práctica del buen uso de relaciones personales interactivas entre el médico y el paciente. La formación psicológica y psicopatológica de todo médico debería ser materia troncal en la enseñanza de la medicina. Ser médico en el futuro será ser médico de personas. Si son solo «técnicos» médicos, los pacientes acudirán a otras alternativas asistenciales de atención personal con menos rigor «científico», pero con más rigor humano. Incluso en la formación específica del psiquiatra se observa carencia, cuando no resistencia, para ser formado psicológicamente. Hace ya años que en Alemania se empezó a dar formación psicoterápica al psiquiatra.

T. de P.: *Has sido muchos años profesor de la Facultad de Medicina y de la Escuela Profesional de Psiquiatría. ¿Qué recuerdos tienes de esta etapa? ¿Cómo fueron tus relaciones con los psiquiatras de aquel momento? ¿Qué recuerdas de figuras tan relevantes como Ramon Sarró y Joan Obiols, catedráticos de Psiquiatría?*

J.F.: Asistí al nacimiento de la psiquiatría universitaria (1964) en las facultades de Medicina de Barcelona y de Madrid, con Sarró y López Ibor como catedráticos respectivos.

Vallejo Nájera fue el precursor.

Ramón Sarró era un hombre de talante expansivo, agudo en sus apreciaciones, con extensa cultura psiquiátrica fenomenológica. Sus llamados «mitologemas», manifestaciones de la psicología profunda de supuesta filogénesis arcaica, fueron una de sus más queridas aportaciones. Si hubiese seguido la línea psicoanalítica que en su día inició, seguro que nos habría hecho también valiosas aportaciones psicoanalíticas. Supo rodearse de profesionales de orientaciones muy diversas. En la asistencia clínica, compartíamos la misma planta del hospital el equipo del Dr. Massana —introductor de las psicoterapias conductistas—, mi equipo de psicoterapia de orientación analítica y el del Dr. Cabrero de psicoterapia comunitaria, entre otros. En el aspecto docente, Sarró llegó a ensayar con buen resultado la parcelación del numeroso alumnado del curso en grupos de veinte, repartiéndolos entre los colaboradores de la cátedra.

Con el Dr. Obiols fuimos compañeros de penas y fatigas en nuestras respectivas tesis doctorales, no así en las oposiciones a cátedra, ya que yo nunca pensé en ello, aunque colaboré gustosamente con él. Obiols era un amante del arte y la psicopatología del arte, de lo neocultural y de la buena cocina. ¡Era un fino *gourmet*! La psiquiatría, a la que dedicó muchos esfuerzos, la colocaba dentro de su *Weltanschauung*, con amplias perspectivas. Fue un fiel amigo.

Con el Dr. Carlos Ballús, en la última etapa de mi vida en la facultad, nos unió y une todavía, una estrecha amistad y colaboración en temas de salud mental. Durante ocho años trabajamos en la Comissió d'Especialitat en Salut Mental i Ciències Afins, del Institut d'Estudis de la Salut, de la que él era el presidente y en la que yo pude ver siempre apoyados mis proyectos, y en ocasiones realizados. Además, el Dr. Ballús ha aceptado durante años formar parte del Patronato de la Fundació Vidal i Barraquer, a la que él tanto valora. Nuestro reconocimiento para con él permanecerá siempre.

La religión, hoy

T. de P.: *¿En qué distingues la fe religiosa de otros tipos de fe?*

J.F.: La fe, desde una perspectiva psicológica, se considera como una experiencia personal de confianza total. Bion nos habla de una confianza básica no en el sentido religioso, aunque no lo excluye. Una confianza que es dada por la misma realidad hacia la que se tiende. Freud ya decía, en una carta a su amigo Oskar Pfister, que la razón de la firme convicción de los que tenían fe (se refería a la fe en el Dios cristiano) se debía hallar en la misma realidad en la que ellos creían. ¿A qué nos referimos al hablar de Dios? Se puede hablar de Dios, psicológicamente, como un objeto interno mental, que se vive según la mente del que habla.

La fe cristiana es la fe en el Dios Padre del que habla Jesús, que él revela como la Realidad de Amor y Bondad. Es el Misterio que solo se puede intuir, pero nunca alcanzar.

Es la experiencia de una realidad inefable, una realidad única, no asequible a ningún conocimiento, pero en la cual se vive y se es. Una realidad que nos trasciende. Experiencias de fe se pueden hallar en las religiones monoteístas y en experiencias místicas, ya sea de religiones o de otras espiritualidades, o de buscadores honestos de la Bondad. Pero, como somos de carne y huesos, los humanos necesitamos vivir en niveles empíricos y simbólicos; son los niveles de las religiones, con sus relatos míticos, sus instituciones, sus credos y sus normas, que ofrecen los medios humanos, mediaciones que ofrecen un soporte inmanente a la realidad trascendente.

T. de P.: *Trascendencia, religiosidad, espiritualidad. ¿Se pueden diferenciar?*

J.F.: Según opinan actualmente los antropólogos, la especie humana se define como tal por la tendencia a trascender, a ir más allá de lo material y empírico. En su origen, las religiones se han expresado, desde épocas remotas, con manifestaciones y expresiones «arcaicas», mágicas. Son los indicios de la tendencia humana a trascender. La religión, con sus componentes simbólicos y míticos, surge como medio humano para vivir la espiritualidad que se expresa en niveles mistéricos, no materiales. Las religiones tienen instituciones, libros sagrados, ritos, costumbres, normativas, que son medios humanos para vivir en la comunidad humana, abiertos a la trascendencia.

La espiritualidad, en cambio, puede ser entendida como expresión de la búsqueda de la realidad no material, y puede ser inspiradora de la religión. Una religión sin dimensión espiritual sana sería un engaño perjudicial, y si actuara en nombre de Dios o de una realidad superior, sería un peligro social.

En las últimas décadas se ha priorizado hablar de espiritualidad en lugar de religión. Las religiones, como instituciones humanas, fácilmente se pueden impregnar de estilos o conductas en desacuerdo, y aun contrarias, con sus principios. Y pueden entrar en crisis, crisis que a su vez serían favorables si ejercieran de revulsivo para empezar una reforma o restauración del espíritu originario.

T. de P.: *¿Qué es la mística para ti?*

J.F.: Es una pregunta incontestable por su misma inefabilidad, solo podemos aproximarnos a decir algo que nos permita ver hacia dónde apuntamos. Es una experiencia consciente e inconsciente, un intuir ser en unidad... la vida. Una experiencia humana inefable, que intuye una realidad (Dios, la Realidad, El Absoluto, el Todo...). Un misterio que nunca se podrá conocer, pero en el que se puede alcanzar la unión con el todo (no dual), «ya no soy yo sino que vive Cristo en mí» (Gal 2,20).

Se puede describir una fenomenología de la mística. Las expresiones humanas de lenguaje y corporales, a veces extraordinarias, son los llamados fenómenos paramísticos. El místico no es un ser extraño, al contrario, vive a fondo la vida humana, tiene relaciones humanas generosas, bondadosas, humildes...

Desde la perspectiva de la antropología profunda podemos apuntar que en el proceso de evolución que tiende a la trascendencia se dan distintos niveles, aunque dentro de un *continuum*. Siguiendo la notación de Lewis R. Binford, hay un nivel empírico, otro mítico (simbólico) y el nivel mistérico o místico. Podremos colocar la mística en el nivel evolutivo de mayor crecimiento madurativo, el mistérico. Las religiones estarían en el nivel empírico y, sobre todo, mítico. Pero participan también del nivel místico. Puede darse la mística sin niveles de religión. Pero una religión que no apuntase a la experiencia mística se desvirtuaría.

Freud tuvo interés por lo trascendente. Escribió en una nota encontrada *post mortem*: «Mística es la oscura percepción del reino exterior al yo, el ello».

T. de P.: *¿Necesita el hombre buscar la trascendencia? ¿Cuándo esa búsqueda es un síntoma?*

J.F.: Será según qué entendemos por trascendencia. Parece que desde hace unas décadas y en distintos ámbitos del mundo científico se ha despertado el interés por una realidad que no es la del mundo físico, una realidad que lo trasciende. Así ocurre en la física cuántica, en las matemáticas y en las ciencias «humanas», con las aportaciones de la neurociencia, del psicoanálisis, de la economía... y en las tradiciones seculares de sabiduría. Esa otra realidad trascendente parece existir, aunque no puede ser comprendida. Otra cuestión es si se le adjudica, o no, un contenido; cosa que ocurre con las religiones como la cristiana.

¿Necesita el hombre la religión trascendente? En la religión cristiana, Jesús habla de su Padre Dios, a quien nadie conoce, inefable misterio, y él viene a la humanidad para revelarlo, descubrirlo, y para salvar a la humanidad. ¿Salvar? ¿De qué? En una lectura antropológica como la que estamos haciendo, bien se puede decir que Dios viene a salvar a la humanidad del mal uso que esta hace de la capacidad de amar (eso sería el «pecado»), cuando se opta por una autoestima egocéntrica (egoísta), en perjuicio de la estimación a la alteridad; cuando predomina la tendencia narcisista sobre el amor a los demás, amor al «prójimo», incondicional, como el mismo Jesús enseñó y practicó: «*Amarás al Señor, tu Dios* [...] [y al] *prójimo como a ti mismo*. De estos dos mandamientos pende toda la ley y los profetas» (Mt 22, 37-39).

¿Y la trascendencia sin religión es necesaria? Pienso que si se deja a la mente humana libre de filtros defensivos protectores de las inseguridades que genera el captar e intuir nuestra incompletud humana, se facilita la posibilidad, no necesidad, de una respuesta satisfactoria, aunque incierta. Entonces posiblemente surja la búsqueda de la trascendencia. ¿La búsqueda de la trascendencia puede ser un «síntoma»? Sí, pero parece que también puede ser un «síntoma» la negación absoluta de la trascendencia, a causa de defensas rígidas, o tal vez por falta de *insight*.

La búsqueda de la religión puede ser vehiculada por un síntoma y más que un síntoma. He dedicado gran parte de mis esfuerzos en investigar sobre la psicopatología de las experiencias religiosas y espirituales en sus diversos niveles, incluso los trascendentes místicos. Ya Freud señaló, con mucho acierto, las vivencias religiosas obsesivas y las clarividencias delirantes de contenido religioso.

T. de P.: *¿Qué cambios has observado en la manera de vivir la religión a lo largo de los años?*

J.F.: Espero poder seguir viviendo y poder llegar a ver —si puede ser sin tardar demasiados años— cambios profundos en las instituciones religiosas, que respondan a un hacer revivir el espíritu que las originó. Y, a partir de eso, contribuir a reparar el impacto negativo que ha ido deteriorando la institución. El abandono de la institución religiosa, en algunas partes tan masivo, o el desinterés por ella, aunque pueda haber sido radicalizado defensivamente, no exime de emprender la recuperación del vigor espiritual y humano de las bases originarias y fundantes de la religión.

T. de P.: *¿Qué es el diablo para ti? ¿Qué experiencia tienes respecto a lo diabólico?*

J.F.: En un divertido y agudo opúsculo de C.S. Lewis, *Cartas del diablo a su sobrino*, un diablo aconseja a su sobrino, pequeño e inexperto diablillo, para que induzca a los humanos a perderse. En una ocasión, el panorama que ofrecen los enfrentamientos humanos es tan «diabólico» que le aconseja a su sobrinito que se tome un descanso y los deje a ellos solos hacer la tarea diabólica, porque ya no es necesaria, la harán aún mejor. Yo no tengo experiencia personal del diablo, ni la he tenido a través de los numerosos casos que he atendido de presuntos «poseídos» por el diablo o cosas parecidas. Más bien lo que he podido constatar es sintomatología psicótica paranoide en algunos casos y, en otros, sintomatología histero-narcisista. Por lo demás, creo que no es necesario contar con la existencia de un ser personal satánico, un demonio, para comprender los fenómenos de «posesión» y similares. Además, sería muy discutible desde el punto de vista teológico pensar que lo que se llama demonio es un ser real personal.

T. de P.: *¿Qué autores psicoanalíticos te parece que ayudan a entender mejor la experiencia religiosa?*

J.F.: Debo citar, ante todo, y con gran satisfacción, a nuestros amigos psicoanalistas: Josep Beà, Pere Folch Mateu, Jaume Aguilar, Víctor Hernández Espinosa, Joan Coderch, y muchos otros, más jóvenes, que están aportando una valiosa contribución a la comprensión del psicoanálisis a la experiencia religiosa. Y en la densa historia de autores psicoanalíticos, además del mismo Sigmund Freud, están Wilfred Bion, Donald W. Winnicott, Mamfred Eigen, Ignacio Matte Blanco… Y un muy amplio e importante grupo de autores psicoanalistas actuales, entre otros David M. Black, Rodney Bomford, Mark Epstein, Michael Parsons, que han contribuido a la significativa publicación del libro traducido al castellano *Psicoa-*

nálisis y religión en el siglo XXI. ¿Competidores o colaboradores? (Herder, 2010).

T. de P.: *¿La reflexión religiosa acerca del mal, de la culpa y del perdón puede aportar algo a la reflexión psicológica, psicoanalítica?*

J.F.: Pienso que términos tales como culpa, reparación, omnipotencia, etc., han sido usados a partir de la terminología religiosa. En la religión, la culpa reparadora, sana, relacionada con el dolor llamado de «contrición», y el duelo reparador que subyace, se corresponderían con la posición depresiva psicoanalítica. Muy diferente es la culpa insana que atormenta al escrupuloso religioso, la culpabilidad que atormenta al obsesivo; y aún más la culpa o ansiedad persecutoria del psicótico en la posición esquizoparanoide.

El término «perdón», que no se encuentra en la terminología psicoanalítica, supone en cambio una realidad, creo, específica del cristianismo: amar como amaba Jesús, un amor incondicional capaz incluso de amar al enemigo, no al mal que produce el enemigo, sino a la persona del enemigo. Es un amor que trasciende el amor inmanente humano, biopsicológico. El perdón que puede llegar a extremos heroicos es amor de carácter unitivo donde uno se funde con el «objeto» de amor, el otro, Dios. Unión de amor místico.

Creo que la reflexión espiritual del perdón puede ayudar a la reflexión psicoanalítica. Hay una realidad mistérica, no física, no asequible a la comprensión total, pero sí intuible: el Misterio, que, si existe, puede tener un papel no menos decisivo en las elaboraciones mentales conscientes e inconscientes.

Me preguntáis sobre el problema del mal... En las religiones ha ocupado un lugar enorme. En cuanto al «mal físico», cósmico, aún se sigue creyendo, con mentalidad arcaica religiosamente hablando, que lo produce Dios, según una concepción providencialista del cosmos en la que Dios lo maneja a su antojo produciendo el mal o el bien. Dios no manipula el cosmos.

En cuanto el mal moral, una teología actual bien fundada, antropológicamente, creo que puede aclarar algo sobre el mal moral. El ser humano, como primate que es, como ser biológico, tiende a un egocentrismo biológico de supervivencia que puede primar en perjuicio de la alteridad, de la relación con los demás. Cuando libremente prefiere su bienestar en perjuicio de los demás, eso sería como el núcleo del «pecado», del mal moral, «el no amor al prójimo como a sí mismo». Es el hombre y no Dios quien perjudica al otro, es el mismo hombre quien se perjudica a sí mismo, quien no se ama bien, quien «peca».

T. de P.: *Has escrito sobre la psicología en Ignacio de Loyola, en relación con los ejercicios espirituales. ¿Puedes señalarnos qué puntos te parecen más interesantes en ella?*

J.F.: Ignacio de Loyola nos ha dejado un pequeño documento para practicar una experiencia de vida interior: los ejercicios espirituales. El método para practicarla está en el librito así titulado, *Ejercicios espirituales*, que bien se podría tomar como un tratado de psicología profunda en clave espiritual escrito en el siglo XVI. El origen está en una experiencia singular que tuvo Ignacio en Loyola, mientras leía libros de caballería (novelas) y luego libros de santos, durante su convalecencia de una herida de bala recibida defendiendo una fortaleza en Pamplona. Le venían a la mente unos pensamientos de hacer cosas como los santos, que lo dejaban alegre y consolado, mientras que otros pensamientos de «vanidades» que le daban placer, lo dejaban seco y descontento.

En su autobiografía explica detalladamente la experiencia de esos movimientos en su espíritu que le abrían los ojos interiores, de manera que «este fue el primer discurso que hizo en las cosas de Dios, y después, cuando hizo los ejercicios, comenzó a encontrar luz en ello por lo que se refiere a la diversidad de espíritus». En terminología del siglo XVI, Ignacio habla de tres pensamientos: «Uno de propio mío, el cual sale de mi mera libertad y querer [consciente], y otros dos que vienen de afuera [del mundo no consciente]: uno que viene del buen espíritu y el otro del malo». Para Ignacio los «espíritus» eran pulsiones o deseos que nacían del interior del sujeto —como describen los primeros comentaristas—, aunque en la mentalidad religiosa del siglo XVI era habitual creer que el buen o el mal espíritu eran atribuciones del ángel y del demonio.

Toda la dinámica de los ejercicios espirituales se centra en la transformación de los afectos personales, «afecciones», egocéntricos y conscientes: los «pecados». En el «desorden de operaciones», los afectos inconscientes, que, sin ser pecados, nos apartan del bien que queremos practicar. Y en el «ordenar su vida», «deseando y eligiendo lo que más conduce para el fin que somos criados».

La práctica de los ejercicios consiste en un proceso de un mes de duración en el que se proponen cuatro fases (cuatro semanas, o menos días). Después de una introducción. El «Principio y fundamento» que es como una *Weltanschauung* trascendente: el hombre se orienta a un fin que es Dios y toda la naturaleza creada. Se propone después una semana para comenzar a examinarse, sobre la respuesta ante este proyecto, de discordancia humana, consciente e inconsciente, con sus autoengaños, filtros defensivos narcisistas, etc., que sesgan sus sanos deseos de evolución o los destruyen. Ante lo cual, luego se buscará un modelo: el del hombre-Dios, Jesús de Nazaret, que ilumina la trayectoria humana hacia el ejercicio libre de la voluntad en busca del bien de los demás en el transcurso de otras tres semanas.

T. de P.: *¿Cómo describirías la personalidad de Ignacio de Loyola?*

J.F.: Hay una biografía histórica de Ignacio de Loyola, *Ignacio de Loyola, solo y a pie* de un sacerdote e investigador vasco, José Ignacio Tellechea Idígoras, que recomendaría a quien se interesara por saber quién era Ignacio.

Por mi parte lo he ido descubriendo poco a poco: amante de todo lo humano, por eso dicen que era un renacentista, buscaba ir al fondo de la cuestión. Y a medida que descubrió su mundo interior y su aspiración hacia Dios, logró llegar a ser libre y entregarse incondicionalmente al servicio de Dios en los demás al «estilo de Jesús». De ahí el nombre de «jesuitas».

T. de P.: *¿Cómo ves el futuro de la religión y de la Iglesia?*

J.F.: Hay un hecho palpable, especialmente en Occidente: la Iglesia católica en las últimas décadas está disminuyendo notablemente en número de seguidores. Considerada como religión, la Iglesia católica tiene su institución, necesaria para perdurar en el tiempo. Pero, por otro lado, adolece de inconvenientes, como cualquier institución, entre ellos, la dificultad de aceptar cambios necesarios, producida por el temor ante las inseguridades que el mismo cambio genera.

Con ello se puede sesgar, si no traicionar, aunque sea inconscientemente, la expresión de su inspiración original, de su carisma, el evangelio de Jesús. El mismo papa Pablo VI, durante el Concilio Vaticano II pidió perdón por lo que en la Iglesia había enmascarado la faz de Cristo.

En un futuro, que ya va siendo presente, veo con optimismo lo que se percibe, que hay un *humus*, una emergencia humana, personas que aspiran a una experiencia de vida inspiradas en el Evangelio, la «buena nueva» de Jesús. Aunque sean minorías, son capaces de contribuir a restaurar, de «abajo arriba», la Iglesia. Como ya ha ocurrido en la historia de la Iglesia, en épocas pasadas, aunque con distintos matices: Francisco de Asís, Teresa de Ávila, Ignacio de Loyola, etc.

T. de P.: *¿Qué cambios has observado, a lo largo de tu vida profesional y religiosa, en la actitud del cristianismo hacia el psicoanálisis y de este hacia la religión o la religiosidad?*

J.F.: Por parte del psicoanálisis, y aun diría del mundo científico psiquiátrico y psicológico, he visto una acelerada evolución en el proceso de interés y comprensión hacia la espiritualidad y las religiones. Como muestra el libro ya citado, *Psicoanálisis y religión en el siglo XXI. ¿Competidores o colaboradores?*, un alegato de calidad a favor de la superación del conflicto cuando se profundiza en lo que era desconocido por cada parte, o en iluminar los conocimientos erróneos.

Lo mismo deseo por parte de las religiones y espiritualidades con respecto a la comprensión y colaboración con el psicoanálisis. Puedo asegurarles que por mi parte no va a quedar...

T. de P.: *¿Qué ofrecen otras religiones que puedan enriquecer al catolicismo?*

J.F.: Utilizando la metáfora de un gran místico, se puede ver la tendencia hacia la realidad inefable a la que llamamos Dios como un camino que conduce hacia la cumbre del monte, «subida al monte Carmelo» de San Juan de la Cruz. En el monte hay caminos y senderos. Unos siguen derecho, otros se desvían. Cuando uno se acerca a la cumbre llegan a un lugar «donde ya no hay camino». Me permito interpretar abusando de la metáfora del místico.

Creo que todas las religiones, vividas saludablemente, tienen sus señales para subir hacia la cumbre rectamente. Cada cual tiene su propio camino o sendero. Al acercarse a la cumbre, al misterio inefable, todas se encuentran «donde no hay camino». Es la experiencia mística que acerca a la unidad en la realidad única y absoluta. Durante la subida todas pueden aprender unas de otras sin abandonar su camino.

T. de P.: *¿Existe una psicopatología de la religiosidad?*

J.F.: Hay experiencias religiosas sanas, saludables. También las hay psicopatológicas. Sabemos que toda experiencia religiosa viene vehiculada por la psicología propia del sujeto. Es obvio, pues, que las dificultades psicopatológicas pueden sesgar las vivencias religiosas del sujeto y afectar su comportamiento personal y social.

La creativa vida psicológica humana tiende a abrirse paso explorando, arriesgando ante lo desconocido. No es extraño que la experiencia espiritual asuma de lleno los riesgos de esta evolución.

Pienso que las «psicopatologías», también las «religiosas», podrían ser atribuidas, como a una especie de «hipertrofia» mental, como una neoformación mental, que desbordara de manera aberrante los ritmos de la mente humana. O bien patologías debidas al miedo a la inseguridad, al riesgo de la vida, que genera mecanismos defensivos inconscientes de control que intentan silenciar el peligro.

Freud captó dificultades en la religión cuando catalogó de «casi delirio» la convicción con la que un creyente afirma su fe, aunque supo él mismo reconocer más adelante que no eran atribuibles a patologías. Habló acertadamente de neurosis obsesiva religiosa, de alcance social ante los mecanismos obsesivos, escrupulosos, especialmente evidenciables en los comportamientos rituales y en las dudas y angustias de personas con una errónea conciencia moral autopunitiva.

En cierta parte de la psiquiatría, de corte biológico, aun ahora, se considera a las religiones como fenómenos «psicoespirituales» que escapan a su incumbencia. Y si, en este caso, un psiquiatra aborda la cuestión religiosa con su paciente, a título personal, corre el peligro de que el paciente, el cual aún sin darse cuenta recibe la opinión del médico como si de una autoridad superior se tratara, quede influenciado en sus «creencias», incluso sin haberlo pretendido el médico.

Pero actualmente gran parte de la psiquiatría ha entrado en el conocimiento de las experiencias humanas, y de la espiritualidad, que forman parte del saber psiquiátrico. Tengo en mis manos el libro *Spirituality and psychiatry* (Londres, RCPsych, 2009), escrito por un colectivo de psiquiatras de Reino Unido.

T. de P.: *¿Cuáles son hoy las principales formas patológicas de la religiosidad? ¿Cuándo la religión es opio? ¿Cuándo es locura?*

J.F.: Hay unas «psicopatologías religiosas» que llaman la atención socialmente por el gran impacto que promueven. Me refiero en especial a los «fanatismos religiosos» y en general a todos los «fundamentalismos religiosos», tales como sectarismos, dogmatismos, etc., con componentes psicopatológicos de rasgos maníacos, paranoides, narcisistas, obsesivos...

Pero pienso que resultan de mayor trascendencia y gravedad social las psicopatologías individuales de personas con influencia social, que siendo socialmente toleradas o incluso buscadas, exhiben actitudes y estilos de vida patológicos bajo la bandera de sus creencias religiosas. Hay comportamientos de corte histero-narcisistas, paranoides, obsesivos y otras psicopatologías individuales. Aunque se pueden encontrar también en ámbitos no solo religiosos, sino políticos, económicos, deportivos, culturales, académicos, etc.

¿La religión «opio del pueblo»? Pues sí, según la entiendan. Hay una parte de verdad en esta frase cuando se utiliza la religión con fines de sedación de dificultades, en lugar de afrontarlas; de anestesiar el sufrimiento social con creencias infantiles, con ilusorias fantasías o promesas. Aunque el uso de ese «anestésico» no es de gran calidad... ni surte un efecto demasiado profundo... más bien perjudica.

¿«La religión locura»? San Pablo nos habla de la locura de la Cruz, cuando el que ama a Cristo se ha identificado, místicamente, con Él. Se trata de una locura de amor, que hace madurar humana y espiritualmente al sujeto. En cambio, la locura que destruye la propia mente y al mundo que la circunda es una enfermedad que, si además se viste de o se arroga el nombre de Dios, es una peligrosa arma mortífera.

T. de P.: *¿Qué función desempeña la religiosidad en la vida psíquica de los pacientes? ¿Y en la de los psicoterapeutas?*

J.F.: ¿Preguntáis si la religión influye en la vida de los psicoterapeutas? Pues... cada cual sabrá lo suyo, ¿no? En cuanto a mí, pienso que en la relación psicoterápica me influye, y no poco, la confianza y estima que siento para con el paciente. No es simplemente empatía. Según yo creo, en toda persona está viva una realidad que nos une, realidad a la que llamamos Dios, un Dios presente, no físicamente pero sí realmente.

Creo, además, que en la interacción del terapeuta con el paciente, la religiosidad sana, simbólica, aunque sea inconsciente, ejerce una acción recíproca entre los dos. La experiencia de compartir deja su huella. Además, en el paciente, durante la prolongada relación psicoterapéutica se puede despertar la tendencia trascendente religiosa que, como en todo ser humano, forma parte de su mundo interior consciente e inconscientemente. Si puede vivir la religión de manera saludable, será para él una posibilidad de crecimiento madurativo. Las reflexiones de Bion y Winnicott, entre otros, abundan en este sentido. Es tarea fina y delicada del psicoterapeuta comprender y sintonizar con los contenidos religiosos del paciente, sin inclinarse a un lado o a otro, llevado por su propia contratransferencia.

T. de P.: *¿Cuándo la religiosidad promueve la salud?*

J.F.: Si entendemos por salud una manera de vivir «autónoma, solidaria y gozosa» y no solo la ausencia de enfermedad, tal como hemos dicho antes, la religión es salud. Y lo es en su aspecto simbólico sano y en las experiencias relacionales que promueven ayuda a los demás con entrega generosa. También favorecen la salud otras experiencias simbólicamente trascendentes, como el arte, la ciencia...

T. de P.: *¿Puede ponerse la religión al servicio del proceso terapéutico?*

J.F.: Según yo creo, el proceso terapéutico psicoanalítico pretende ayudar al paciente a ganar más libertad interior, pero no pretende proponerle objetivos, aunque sean muy saludables. La religión también pretende liberar interiormente al que busca la experiencia religiosa, pero apunta además a un nivel mistérico, una dimensión humana trascendente, aunque respetando la libre elección del sujeto.

Se comprende que otras trascendencias simbólicas, como el arte, sean usadas como factores psicoterapéuticos. En cambio, tengo muchas dudas sobre si no sería un abuso utilizar la religión como método terapéutico de entrada. Otra cosa sería constatar el beneficioso y concomitante efecto terapéutico de la religión saludable.

T. de P.: *¿Son más saludables las comunidades religiosas de hoy que las del pasado?*

J.F.: Existen y existieron comunidades cuyo talante y estructura es saludable y otras no.

Algunos aspectos son menos saludables, por ejemplo, que en algunos ámbitos religiosos haya reaparecido, por diversos motivos, la tendencia a formar comunidades grandes, numerosas, de veinte o más miembros. Eso dificulta una adecuada y saludable interrelación. En cambio, una dinámica grupal con un número más reducido de miembros, alrededor de diez, favorece la vida en comunidad. Creo que ya era aconsejado por las primeras comunidades benedictinas. Sin negar que pueda existir en grandes comunidades y con gran tradición, sobre todo monásticas, una saludable dinámica grupal con sus peculiaridades.

Además, es saludable la inserción de comunidades en medios de pobreza o inmigración, ya sean urbanos o rurales. Uno puede acabar sintiendo cómo el entorno en el que vive, y si el seguimiento de Jesús es de sintonía con los pobres y humildes… Esto no supone renunciar a la sintonía cultural y científica, a la inserción en medios científicos en los que la «pobreza» se vive, o se puede vivir, en el despojamiento de la propia «riqueza» personal, con «humildad», a favor de los demás, del conjunto.

Impulsor de proyectos

T. de P.: *Has sido impulsor de dos instituciones prestigiosas, que han desempeñado y desempeñan un papel importante y referencial en la asistencia en salud mental de orientación psicodinámica en Barcelona. Nos interesaría que nos contases cómo surgen cada uno de estos dos proyectos. Uno de ellos es la Fundació Vidal i Barraquer; hoy en día una institución de reconocida solvencia a nivel asistencial, docente y de investigación. ¿Cómo fueron los inicios y cuál fue tu papel? ¿Cómo surge el proyecto de crear el Centro Médico-Psicológico en la Fundació Vidal i Barraquer? ¿Estaba vinculado a la Iglesia al comienzo? ¿Cuándo se crea el Institut Universitari de Salut Mental?*

J.F.: Todo empezó sencillamente. No hubo grandes proyectos al empezar, solo la idea de dar un servicio asistencial psiquiátrico y psicológico a un colectivo carente, en aquel entonces, de una atención adecuada a sus necesidades. El colectivo eran los religiosos o sacerdotes, o aspirantes a esa vida. Fue una opción reflexionada y tomada junto con otros dos pequeños núcleos que nacieron en Madrid y San Sebastián.

Nosotros comenzamos a mi regreso a Barcelona, después de catorce años que empleé en estudios, médicos y teológicos. Me uní a dos compañeros psiquiatras, el Dr. Antoni Bobé y el Dr. Ramón Ferreró, O.H. Paulatinamente, pero a buen ritmo, íbamos evolucionando: atendíamos a toda clase de personas y muy pronto empezamos a impartir cursos de docencia. El equipo inicial iba aumentando, compañeros psiquiatras de la universidad, algunos de ellos psicoanalistas (entonces aún en formación), psicólogos y psicoterapeutas. Nos autofinanciábamos. Mejor, nos asemejábamos a una ONG.

Y enseguida surgió la investigación. Me decían que era portador del virus de la investigación. ¡Ojalá! Teníamos ya alguna experiencia asistencial y bastante material clínico. Había que entrar en el mundo informático. No sin grandes esfuerzos, conseguimos subvención para obtener un ordenador enorme que ocupaba una habitación entera él solo, y con refrigeración... Con ilusión empezamos todo el proceso, que abocó en la HPAB

(Historia Psiquiátrica Automatizada Barcelona) gracias a nuestro equipo del CIPP (Colectivo Investigaciones Psicopatológicas Psicosociales). La docencia de la psicología, de la psicopatología y la experiencia religiosa se incrementaba rápidamente en número de docentes y en alumnado. Habían pasado ya unos años y las personas que nos alentaban y daban soporte creyeron que había que darnos una cobertura institucional.

Así se originó el primer Patronato de la Fundació Cardenal Vidal i Barraquer, compuesto por superiores de órdenes y congregaciones religiosas (benedictinos, capuchinos, escolapios, claretianos, carmelitas, cartujos, jesuitas...), por los obispados de las ocho diócesis catalanas, y por profesionales de psicología, psiquiatría y de otras ciencias. Debo recordar que el impulsor y para mí el alma de nuestra fundación fue el abad de Montserrat, Cassià Maria Just, con quién me unió una profunda y fraternal amistad. La Fundació Vidal i Barraquer es una fundación no confesional, aunque sí de inspiración cristiana. La Confederación de Religiosos Española, que dio soporte logístico y económico al centro que se inició en Madrid, hizo lo mismo con nuestro centro de Barcelona. Nos dijeron en una ocasión que por qué no íbamos todos a Madrid...

Nuestro interés por servir con el mayor rigor científico posible en la atención a la salud mental de los colectivos menos atendidos nos llevó a solicitar la asistencia en salud mental de las zonas y barrios de Barcelona más necesitados. Entonces la salud mental aún dependía de la Diputación Provincial.

Gracias a la ayuda generosa de Jordi Maragall (hijo del poeta Joan Maragall), hombre de una honestidad y nobleza ejemplar y amigo sincero, y a la gestión del benemérito Agustí de Semir, quien se interesaba por todo proyecto de ayuda social, obtuvimos de la Administración uno de los primeros conciertos con la sanidad pública que hubo en Barcelona.

La docencia la veníamos ejerciendo desde los años setenta en nuestra Escuela de Psicología y fue creciendo con mucho vigor hasta llegar al actual Institut de Salut Mental de la Fundació Vidal i Barraquer de la Universitat Ramon Llull. El Institut ha sido la consecución de una antigua aspiración de los años ochenta,

217

y de persistentes esfuerzos para alcanzar el rango académico universitario del que procedíamos y al que queríamos seguir contribuyendo. La valiosa comprensión de nuestra fundación por parte del entonces rector de la Universitat Ramon Llull, Dr. Miquel Gassiot, coronó nuestra incorporación universitaria.

T. de P.: *El otro proyecto institucional del que eres protagonista es el del Servicio de Salud Mental de Sant Pere Claver-Fundació Sanitària. ¿Cómo surge el proyecto de crear un servicio de psicología y psiquiatría en el Hospital Sant Pere Claver?*

J.F.: En un barrio situado en el Poble Sec, entre el Paral·lel y Montjuïc, vivía una población en una situación marginal. Era poco después de la guerra civil. Allí (¿1950?) se creó una nueva parroquia iniciada por un jesuita, Lluís Artigues. Este párroco, en lugar de empezar construyendo un templo, lo que hizo fue una escuela, talleres, «dispensarios» de asistencia sanitaria y, cuando podía, celebraba alguna misa. Aquellos «dispensarios» fueron el origen del Hospital Sant Pere Claver.

Al incorporarme al hospital en 1965, me encontré con un conjunto de dispensarios de distintas especialidades de medicina y de cirugía. Se contaba con veintiocho camas hospitalarias en un pequeño edificio de tres plantas, y con la insustituible labor asistencial y humana de tres religiosas Hijas de la Caridad. La psiquiatría estaba a cargo de dos reconocidos profesionales, el Dr. Ferrer-Hombravella, que murió pocos años después, y el Dr. Jordi Prat, que fue a ocupar un puesto relevante en el recién nacido Hospital de Bellvitge. Pude trabajar aprendiendo de ellos durante pocos años.

Aquel inicio fue un espacio privilegiado para empezar a conformar un servicio de psiquiatría con un equipo que fue incorporando psiquiatras, psicólogos y trabajadores sociales. Merecen ser recordadas las tres primeras y destacadas jóvenes psicólogas que formaron equipo: Pilar Raventós, Vicky Sastre y Montserrat Trias de Romero.

Fue el aprendizaje progresivo a partir de la experiencia lo que nos llevó a entender y practicar la salud mental. Aún no existían las redes de salud mental en la asistencia pública. Nosotros, el «hospital», intentamos ir evolucionando desde la tradicional y laudable función de «beneficencia» hacia una beneficencia que además insistiera en el sentido de *bene-facere*, hacer el bien y hacerlo bien. Para ello hacía falta tener los recursos científicos teóricos y los recursos materiales necesarios.

A no tardar el Ayuntamiento de Barcelona nos designó como uno de los cuatro centros de higiene mental de la ciudad. Muy amablemente el regidor de sanidad dejó la iniciativa a nuestro pequeño equipo. El marco teórico en el que nos íbamos desplegando era el de una salud mental que comprendiera la asistencia a las «personas» con dificultades psicopatológicas, atendiendo en ellas tanto a los aspectos «psiquiátricos» como los psicológicos, la psicología profunda del mundo inconsciente, y además los del entorno social. Naturalmente, en esto nos ayudó la pronta incorporación de profesionales de orientación psicoanalítica, que contribuían a mantener una continuada formación.

Enumerar a todos los compañeros que fueron enriqueciendo nuestro grupo no me sería posible, pero no quiero renunciar a citar a algunos de los «pioneros», aun exponiéndome a omitir a alguien tal vez de los que más aportaron y aún siguen aportando. Los entonces «jóvenes» Ramón Echevarría, Rafael Ferrer, Isabel Laudo, Joseba Achotegui, Lluís Mauri, Carme Ríos… Y las inolvidables bases de nuestra aventura, sor Antonia Larrea, religiosa Hija de la Caridad, y la Sra. Carme Cosp, al frente de los asistenciales; eran ambas un tándem que permitía hacer avanzar el hospital y hacer posible los imposibles. El servicio de psiquiatría era al principio para adultos y jóvenes, pero muy pronto se enriqueció con la incorporación de psicólogos y psiquiatras de atención a la infancia. Se abrió un nuevo servicio de psicología y psicoterapia infantil juvenil, al frente del cual estuvo la Sra. María Victoria Oliva, psicoanalista de reconocida trayectoria científica, al que se unieron otros jóvenes y no tan jóvenes. Quiero citar entre ellos al Dr. Jaume Aguilar, que ha marcado unas altas cotas científicas y humanas, tanto en el plano asistencial como de la investigación, estimulando un nutrido y potente equipo.

T. de P.: *A nivel de asistencia pública, hoy en día se están informatizando la recogida de datos y las historias clínicas. Tú contribuiste a la idea, hace más de treinta años, de crear una historia psiquiátrica automatizada en Barcelona (HPAB), de la que nos has hablado antes, que se aplicó durante mucho tiempo en las instituciones que dirigías, con la idea de construir una base de datos que facilitara la investigación. ¿Recuerdas qué te impulsó a ello?*

J.F.: Sí... ¡ya lo creo! Nos impulsó el «virus de la investigación», como ironizaba alguien. Contagiado por el grupo ya citado de jóvenes psiquiatras y psicólogos, que se autodenominó CIPP con Jorge Tizón como coordinador, Enrique de la Lama, Manel Salamero, Joseba Achotegui, José Manuel Díaz Munguira, Francesc Sainz..., que contaba con la madurez asesora de Víctor Hernández Espinosa, entre otros.

Habíamos empezado investigaciones con trabajos de campo, desde hacía años, ayudándonos de fichas perforadas y ¡punzón!, gracias al tesón y rigor del Dr. Joan Parellada, monje de Montserrat.

Con el Dr. Díaz Munguira fuimos a informarnos de la reciente introducción de ayuda informática en el Hospital de Sant Pau; la Sra. Esperanza Martí, gerente, fue quien amablemente nos puso en pista. Solicitamos a una empresa que apoyaba la investigación una sustanciosa beca para adquirir un ordenador (uno de los primeros en Barcelona, que costaba millones de pesetas...), y ¡se nos concedió! Pretendíamos tener un instrumento capaz de reunir y sistematizar el abundante material clínico archivado en nuestras historias clínicas.

Nos sobraban ideas para posibles investigaciones. El trabajo arduo fue contar fiel y constantemente con la colaboración de todo el equipo asistencial del Centro Médico-Psicológico de la Fundació Vidal i Barraquer, muy numeroso ya entonces, al que se le encargaba de rellenar, después de realizado el trabajo clínico, los ítems de los módulos que habían ido apareciendo. Eran cerca de dos mil ítems, repartidos en unos veinte módulos. El tiempo que el profesional requería para llenar los datos de cada historia era cerca de una hora. Solo se consiguió levantar esa torre enorme, gracias al entusiasmo y la entrega desinteresada de todos los componentes del Centro Médico-Psicológico de la Fundació Vidal i Barraquer, acuciados por la incansable y firme persistencia del entonces director de nuestra sección de investigación, el Dr. Pere Castellví.

Después de una experiencia fecunda durante varios años se evaluó la posibilidad real de ofrecer una historia psiquiátrica informatizada de utilidad clínica e investigadora para lo cual se redujo el número de ítems, en distintos momentos. Actualmente, si bien hemos seguido el modelo de la HPAB, nos hemos homologado con los modelos de la sanidad que hoy existen.

T. de P.: *Desde el inicio viste muy clara la necesidad de un supervisor externo que ayudara a reflexionar sobre el trabajo asistencial, contactando con psicoanalistas que han ido realizando esta función a lo largo de los años. ¿Qué puedes decirnos acerca del papel de la supervisión?*

J.F.: Ciertamente, en nuestro trabajo asistencial pronto nos decidimos por introducir la psicología, el psicoanálisis y la supervisión en la asistencia psiquiátrica de manera progresiva. Creo que también forma parte de mi evolución personal como profesional.

Intentaré recuperar cómo empezó. Yo procedía del campo de la medicina general y de la especialidad oftalmológica, y al introducirme en el mundo psiquiátrico me encontré con algo que ya había percibido: que las dolencias corporales eran también mentales, y viceversa. Pero al médico se le escapaban las variables psicológicas y al psiquiatra se le escapaban o valoraba mal las somáticas. Junto con Jordi Gol intentamos ensayar entrevistas a pacientes, atendidos por un médico y un psiquiatra. Había entrevistas médicas en las que el psiquiatra estaba de observador, y entrevistas psiquiátricas en las que el médico era el observador. ¿Qué se pretendía? El que observaba captaba aspectos corporales en un caso y mentales en el otro que no captaba el que conducía la entrevista. Pero había algo más. El que observaba captaba la relación transferencial médico-paciente, y no sufría la influencia contratransferencial que tenía el que atendía al paciente.

Eso fue como un principio de lo que llamamos «supervisión». Tuvimos la suerte de contar con la aceptación de expertos psicoanalistas que colaboraron en nuestras supervisiones individuales, realizadas en grupo, de técnicas grupales, de familia, de pareja, incluso tuvimos alguna supervisión del equipo de trabajo. Me parece que la necesidad de supervisión surge espontáneamente cuando uno siente que en su trabajo se le escapan aspectos importantes. No creo que fuera un «invento». Las tradiciones históricas en las relaciones interpersonales sanas abundan en «acompañamientos», no tanto en el sentido de acompañamiento directivo como en el de descubrir los autoengaños o ignorancias que se observan en las relaciones interpersonales.

Fue en este mismo sentido que tuvimos un grupo experiencial en el Hospital de Sant Pau. Un grupo «Balint», conducido por dos psicoanalistas e integrado por ocho o diez compañeros. Recuerdo que había otorrinos, ginecólogos, psiquiatras, internistas, etc. Allí se iba experimentando y formulando la contratransferencia grupal, que tanto nos ayuda y que sigo practicando y supervisando en grupos Balint.

T. de P.: *También has sido el creador de la escenoterapia. ¿Cómo surgió su creación? ¿Qué la diferencia de otras técnicas grupales y del psicodrama?*

J.F.: Surgió de una experiencia ocasional. Fue por los años setenta. Los habitantes de Montjuïc formaban un núcleo de población en condiciones de extrema precariedad, con cantidad de niños y adolescentes, sin recursos culturales ni económicos. En el Hospital Sant Pere Claver les ofrecíamos atención sanitaria. La parroquia había montado una escuelita.

Entre los maestros había un joven voluntario de 17 años que intentaba educar a un grupo de niños gitanos. Un día vino desesperado, no había forma de encauzarlos… Le sugerí que probara introducir alguna forma de actividad teatral. Y así lo hizo. Adaptó inteligentemente piezas de Molière…. Volvió un tiempo después; se había producido el «milagro»: aquellos niños, de 7 a 12 años, parecían otros.

Durante casi un año nos estuvimos reuniendo un grupo de psicólogos y psiquiatras, investigando por qué se había producido aquel hecho. Es decir, analizando y tratando de comprender el efecto «terapéutico» de aquellas representaciones teatrales y cómo podríamos crear las condiciones favorables para reproducirlo.

Establecimos una escala valorativa desde los niveles más directivos hasta los más cercanos a una asociación libre. En un extremo, lo más semejante a la dramatización teatral con un guion fijo, personajes y papeles definidos, dejando solo el margen de la interpretación personal del papel. En el otro extremo, la creación improvisada de un argumento, la libre asociación del argumento y de la representación, la libre elección de los personajes para ser representado.

Al final de la representación hacíamos una evaluación en grupo: cómo se habían sentido cada uno y cómo le habían sentido los demás a él.

Después de algunos tanteos y diferenciando los grupos por edades (de 7 a 11, de 15 a 18, de 19 a 30, de 60 en adelante) optamos por el extremo de la libre asociación, que es el que más responde a nuestra orientación terapéutica psicoanalítica.

Ya habíamos estructurado nuestra técnica (escenoterapia) y empezado a asistir a los congresos internacionales de psicoterapia, cuando fuimos descubriendo otras técnicas basadas también en la actuación dramática, como *L'expression scénique. Art dramatique et psychothérapie*, de J.C Benoit y E. Dars, la declamación expresiva de textos dramáticos, otras más corporalizadas como *Expression corporelle, méthodes théâtrales et psychothérapie analytique*, de G. Balassa, una de Canadá casi idéntica a nuestra escenoterapia, etc. Bien diferenciada de otras técnicas como el psicodrama de Moreno, en el que se verbalizan conflictos personales, en la escenoterapia, en cambio, se proponen y representan argumentos que conscientemente no son conflictos personales de los miembros del grupo, aunque inconscientemente expresan sus situaciones personales.

En nuestra escenoterapia parece que el efecto terapéutico está en que el *acting out* en la actuación escénica, de libre asociación y expresión, es un *acting* comunicativo y no expulsivo. A través de la acción se ayuda a conectar con aspectos inconscientes.

T. de P.: *¿A qué actividades te dedicas actualmente?*

J.F.: ¿Actividades? ¡No sé! Pero si se trata de la actividad mental, esa es la que intento primar. En algunos aspectos siento más interés y ganas en seguir buscando que tiempo atrás.

El eje alrededor del cual actualmente giro está en lo que se puede llamar la «espiritualidad» y el psicoanálisis. Espiritualidad entendida como algo que trasciende lo empírico e incluso lo simbólico, que se adentra en lo desconocido, aunque real.

Creo que esa búsqueda se da actualmente en muchos ámbitos del saber. De las ciencias más «duras» (física, matemáticas…) a las más «humanas» (antropológicas, neurociencia, psicoanálisis, sociales, económicas…), y en todo saber que investiga la vida humana, la filosofía, las tradiciones de sabiduría y las religiones.

Desde hace unos años investigamos en dos seminarios internos: uno formado por un grupo de psicoanalistas sobre las experiencias místicas y otro seminario interdisciplinar compartido con el Centre d'Estudi de les Tradicions de Saviesa (CETR). Estudiamos las espiritualidades desde el psicoanálisis, la neurociencia, la teología y las tradiciones religiosas.

En cuanto a mí, parto de una identidad, la cristiana, la que descubro en un hombre, Jesús de Nazaret. Identidad que es asertiva, pero no excluyente de las otras. Pienso que la línea de investigación psicoanalítica es una de las más fecundas en orden a acercarnos a las bases humanas del misterio de la vida y de la trascendencia humana.

Y sigo atendiendo a las personas, a las que más lo necesitan, y no precisamente en orden material. Y sigo aprendiendo de lo que escucho en ellas.

Cronología

1924 Nace el día 10 de agosto, en el número 19 de la calle de Sant Agustí, en Tarragona, Cataluña, España. Hasta los 9 años acude al colegio de las Hermanas Vedrunas, primero al parvulario y a continuación a la primera enseñanza, muy cerca de su domicilio y durante los dos años siguientes estudia en el colegio de los Hermanos de las Escuelas Cristianas. Desde los 10 hasta los 14 años, coincidiendo con el inicio de la guerra civil, estudia en el Instituto de Enseñanza Pública de Tarragona. Finalizada la guerra civil reemprende sus estudios de bachillerato, primero en Tarragona y luego, el último año, en Barcelona, en el Instituto Menéndez y Pelayo.

1949 Se licencia en Medicina y Cirugía en la Universidad de Barcelona.

1950 Ingresa en la Compañía de Jesús el 16 de octubre y ese mismo año obtiene la especialidad en Oftalmología, la misma que ejercía su padre, también médico.

1956 Se licencia en Filosofía en la Facultad de Filosofía de Sant Cugat del Vallès, Barcelona.

1958 Obtiene el grado de Doctor en Medicina por la Universidad de Barcelona con la tesis titulada «La fatiga en relación con la actividad mental. Estudio clínico y electroencefalográfico». Se traslada a Alemania para iniciar sus estudios en Teología y donde su interés por la neurobiología lo lleva a realizar una breve estancia de una semana en el Max Planck Institut.

1961 Es ordenado presbítero en Frankfurt.

1962 Se licencia en Teología por la Facultad de Filosofía y Teología Sankt Georgen, Frankfurt.

1964   Obtiene la especialidad en Psiquiatría y ese mismo año ingresa en el Departamento de Psiquiatría de la Universidad de Barcelona, en calidad de director del Equipo de Psicoterapia, e impartiendo la materia de Psicopatología General en la Escuela Profesional de Psiquiatría, hasta 1982. Junto con el psicoanalista Antoni Bobé y el psiquiatra Ramon Ferreró, hermano de San Juan de Dios, crean el Centro Médico-Psicológico, en Barcelona, que posteriormente dará lugar a la Fundació Vidal i Barraquer, de la que será el primer director y en la que desarrolla toda su carrera profesional como psiquiatra.

1965   Es nombrado director del Departamento de Psiquiatría del Hospital Sant Pere Claver de Barcelona.

1970   Colabora como profesor extraordinario en la Cátedra de Deontología Médica de la Facultad de Medicina de la Universidad de Barcelona. Ese mismo año es nombrado delegado para España de la Asociación Internacional de Estudios Médicos, Psicológicos y Religiosos (AIEMPR). Publica *Psicopatología de la conciencia*.

1976   Presenta su innovadora «definición de salud y salud mental» en el X Congrés de Metges i Biòlegs de Llengua Catalana, en Perpiñán, Francia. Dirige el Departamento de Investigación de la Fundació Vidal i Barraquer del que forman parte Jorge L. Tizón, José Manuel Díaz-Munguira, Enrique de la Lama y Manel Salamero, con los que publica el pionero estudio *La automatización de los programas de información sobre salud mental y de las historias clínico-psiquiátricas*.

1978   Crea una nueva modalidad de psicoterapia en grupo, la escenoterapia, que difunde por primera vez a nivel internacional en el I Congreso Iberoamericano de Psicología Social, en Barcelona.

1989   Obtiene el premio Jordi Gol a la Trayectoria Profesional y Humana, concedido por la Acadèmia de Ciències Mèdiques de Catalunya i Balears, institución de la cual es miembro de honor. Publica *Experiencia de Dios y psicoanálisis*. Viaja a Buenos Aires para impartir la conferencia titulada «La enseñanza de la psicología de la religión en la universidad», en la Universidad del Salvador.

1990   Dicta, en Ciudad del Vaticano, la conferencia titulada «Mente humana y experiencia religiosa». Viaja a Bolivia, donde imparte los cursos «Psicología de la experiencia religiosa y de la vida religiosa» (Cochabamba) y «Perspectivas psicológicas de la experiencia religiosa hoy» (Santa Cruz y La Paz).

1993   Forma parte de diferentes órganos consultivos del Departamento de Salud de la Generalitat de Catalunya, especialmente del Consell Assessor d'Assistència Psiquiàtrica i Salut Mental a Catalunya y de la Comisión de Salud Mental y Especialidades Relacionadas del Consell Català d'Especialitats en Ciències de la Salut.

1994   Después de haber impulsado la creación de la Unidad de Pareja y Familia en 1976 en la Fundació Vidal i Barraquer, publica, junto con Bobé y Pérez Testor, *Psicopatología de la pareja*, una nueva formulación sistematizada de los diferentes tipos de colusión en las relaciones de pareja.

1999   Publica *Religión, psicopatología y salud mental: introducción a la psicología de las experiencias religiosas y de las creencias*.

2003   Durante el mismo año recibe dos importantes reconocimientos en Cataluña: la Creu de Sant Jordi de la Generalitat de Catalunya y la Medalla Narcís Monturiol al mérito científico y tecnológico.

Es patrón del Patronato de la Fundació Vidal i Barraquer desde su inicio, siendo actualmente presidente honorario.

Bibliografía

ÁLVAREZ, F.J., *Éxtasis sin fe*, Madrid, Trotta, 2000.

ARMENGOL, R. y FONT RODON, J., «Una concepción del dolor y el sufrimiento desde el psicoanálisis», en A. Dou Mas (ed.), *El dolor. Actas de las reuniones de la Asociación interdisciplinar José Acosta*, Madrid, Universidad Pontificia Comillas, pp. 227-305, 1992.

BEÀ, J. y HERNÁNDEZ, V., «Semblanza del Dr. Jordi Font», *Temas de psicoanálisis* 3 (enero de 2012).

BION, W.R., *Volviendo a pensar*, Buenos Aires, Hormé, 1985.

BLACK, D., *Psicoanálisis y religión en el siglo XXI*, Barcelona, Herder, 2010.

CODERCH, J., *La relación paciente-terapeuta*, Barcelona, Herder, 2012.

DAMASIO, A. y SOLÉ J., *I el cervell va crear l'home. Sobre com el cervell va generar emocions, sentiments, idees i el jo*, Barcelona, Destino, 2010.

EIGEN, M., «Towards Bion's Starting Point: Between Catastrophe and Faith», *Internacional Journal of Psychoanal* 66, 321 (1985).

FONT, J., *Psicopatologia de l'experiència religiosa* [sin publicar], Barcelona, Fundació Vidal i Barraquer, 1983.

—, «Discernimiento de espíritus», *Revista Manresa* 59 (1987).

—, *Món intern i transcendència*, lección inaugural Institut de Recerca i Estudis Religiosos, curso 1993-1994, Lleida, Institut Estudis Ilerdencs, 1994.

—, «Los afectos en desolación y en consolación: lectura psicológica», en J. Alemany y J.A. García Monge (eds.), *Psicología y ejercicios ignacianos*, Santander, Mensajero/SalTerrae, 1996.

—, *El malestar en les societats del benestar*, Barcelona, Fundació Joan Maragall, 1999.

—, *Psicología de las experiencias religiosas y la experiencia mística*, Reflexión del grupo de estudio interno de la Fundació Vidal i Barraquer [sin publicar], Barcelona, Fundació Vidal i Barraquer, 2004.

—, *Espiritualitat i salut mental. Una aproximació psicológica*, Barcelona, Claret/Fundació Joan Maragall, 2006.

—, «La depresión en la vida espiritual: desolaciones» [ponencia sin publicar], VIII Jornada de reflexión de la Fundació Vidal i Barraquer, Barcelona, Fundació Vidal i Barraquer, 2008.

—, «La fecundidad del fracaso: el duelo regenerador», *Revista Manresa* 84 (2012).

—, «Espiritualidad y duelo. Ayuda a vivir el final de la vida [conferencia sin publicar], Lleida, Universitat de Lleida, 2013.

—, «Salud, espiritualidad, mística» [conferencia inaugural sin publicar], Congreso satélite del XVI Congreso Mundial de Psiquiatría, Ávila, Universidad de la Mística, 2014.

—, «Espiritualidad y psicoanálisis», *Temas de Psicoanálisis* 10 (julio de 2015).

—, *Religión, psicopatología y salud mental. Introducción a la psicología de las experiencias religiosas y de las creencias*, Barcelona, Herder, 2016.

—, «Naturalización de la espiritualidad», *Revista Pensamiento* 73, 276 (2017).

—, «La espiritualidad como emergencia de la vida», *Fronteras CTR. Revista de Ciencia, Tecnología y Religión*, noviembre de 2018.

—, *El fet religiós, vehicle de salut i vehicle de malaltia?*, Lleida, Institut Superior de Ciències Religioses de Lleida, 2023.

FREUD, S., *The Standard Edition of the complete psychological Works of Sigmund Freud*, Londres, Hogarth Press, 1953 [trad. cast.: *Obras completas*, 24 vols., Buenos Aires, Amorrortu, 2013-2014].

JAMES, W., *Las variedades de la experiencia religiosa. Estudio de la naturaleza humana*, Barcelona, Península, 1999.

KANDEL, E.R., «Biology and the Future of Psychoanalysis: a New Intellectual Framework of Psychiatry Revisited», *American Journal of Psychiatry* 156 (1999), pp. 505-524.

—, *Principles of Neuro Sciencies*, Nueva York, McGraw-Hill, 2000 [trad. cast.: *Principios de neurociencias*, Madrid, McGraw-Hill, 2001].

—, *Psiquiatría, psicoanálisis y la nueva biología de la mente*, Barcelona, Ars Médica, 2007.

IGNACIO DE LOYOLA, SAN, *El pelegrí. Autobiografia de sant Ignasi de Loiola*, Barcelona, Claret, 1983 [hay ed. cast.: *El peregrino. Autobiografía de san Ignacio de Loyola*, Santander, SalTerrae, 1991].

—, «Diari espiritual», en S. Thió, *El Pelegrí endins. Diari espiritual de sant Ignasi de Loiola*, Barcelona, Claret, 1990.

—, 1990, *Exercicis Espirituals*, Barcelona, Proa, 1990 [hay ed. cast.: *Ejercicios espirituales*, Santander, SalTerrae, 2010].

KLEIN, M., *Principios psicológicos del análisis infantil*, obras completas vol. II, Buenos Aires, Paidós, 1975.

MALHER, M., *El reto de la psicología a la fe*, Madrid, Cristiandad, 1975.

MARTÍN VELASCO, J., *El fenómeno místico. Estudio comparado*, Madrid, Trotta, 1999.

MORA, F., *El reloj de la sabiduría. Tiempos y espacios en el cerebro humano*, Madrid, Alianza, 2002.

NOGUÉS, R.M. (coord.), *La espiritualidad después de las religiones*, Argentona, La Comarcal, 2007.

—, *Déus, creences i neurones. Un acostament científic a la religió*, Barcelona, Fragmenta, 2007 [hay ed. cast.: *Dioses, creencias y neuronas. Una aproximación científica a la religión*, Barcelona, Fragmenta, 2013].

—, *Cervell i transcendència*, Barcelona, Fragmenta, 2011 [hay ed. cast.: *Cerebro y trascendencia*, Barcelona, Fragmenta, 2013].

PRINCE, M.H., «Los estados místicos y el concepto de regresión», en J. White, *La experiencia mística*, Barcelona, Kairós, 2005.

RAHNER, K., *Palabras de Ignacio de Loyola a un jesuita de hoy*, Santander, SalTerrae, 1979.

RIZZUTO, A.M., *Birth of the Living God. A Psychoanalytic Study*, Chicago, The University of Chicago Press, 1979 [trad. cast.: *El nacimiento del Dios vivo. Un estudio psicoanalítico*, Madrid, Trotta, 2006].

—, «Reflexiones psicoanalíticas acerca de la experiencia mística», *Teología y Vida*, 37 (1/2), 1996.

RUBIA, F.J., *La conexión divina. La experiencia mística y la neurobiología*, Barcelona, Crítica, 2004.

SEGAL, H., *Introducción a la obra de Melanie Klein*, Buenos Aires, Paidós, 1975.

STÄHLIN, C., *Apariciones*, Madrid, Razón y Fe, 1954.

TERESA DE JESÚS, SANTA, *Obras completas*, Madrid, BAC, 1936.

TIZÓN, J.L., *Pérdida, pena, duelo. Vivencias, investigación y asistencia*, Barcelona, Herder, 2013.

—, *Psicoanálisis, procesos de duelo y psicosis*, Barcelona, Herder, 2007.

WINNICOTT, D.W., «Transitional Objects and Transitional Phenomena», en *Playing and Reality*, Nueva York, Basic Books, 1971 [trad. cast.: *Realidad y juego*, Barcelona, Gedisa, 2002].